JN369402

미니멀 식탁

적은 재료로 큰 행복을 만드는 85가지 초간단 레시피

이나다 슌스케 지음

황세정 옮김

시그마북스
Sigma Books

반드시 읽으셨으면 하는 머리말

오늘날은 참으로 편리하고 풍요로운 시대입니다.

슈퍼마켓에만 가도 간편하게 맛을 낼 수 있는 조미료와 레토르트 식품이 즐비해서 이를 이용해 각종 요리를 손쉽게 만들어 낼 수 있습니다. 심지어 어떤 제품들은 식당에서 파는 음식과 비교해도 손색이 없을 정도입니다.

그마저도 귀찮을 때는 조리된 형태로 판매되는 반찬이나 냉동식품 등 이용할 수 있는 수많은 선택지가 존재합니다. 품질도 예전과는 비교할 수 없을 만큼 좋아졌지요. 그도 아니라면 밖에서 끼니를 해결하는 방법도 있습니다. 끼니를 해결할 만한 수많은 음식점이 곳곳에 가득합니다.

하지만 그와 동시에 요즘 시대는 손수 요리하기를 즐기는 사람에게도 참으로 좋은 시대입니다. 다양한 레시피가 넘쳐 날 뿐만 아니라, 정말 특수한 재료를 제외하고는 전 세계의 어지간한 재료를 전부 구할 수 있습니다. 그런 분들은 집에서도 전문점 수준의 요리를 아무렇지 않게 즐기고 계실 것입니다.

이 책은 적은 재료와 간단한 조리법으로 얼마만큼 맛있는 요리를 만들 수 있는지를 기본 주제로 하고 있습니다. 하지만 단순히 그것뿐이라면 이 책은 지금 이 세상에 필요하지 않을 것입니다. 앞서 말씀드린 바와 같이 맛있는 요리를 간편하게 먹는 방법은 얼마든지 있기 때문입니다. 그런데도 제가 이 책을 쓸 수밖에 없었던 이유는 무엇이었을까요. 그에 대해 잠시 이야기해 보고자 합니다.

음식점과 비슷한 수준의 맛을 간단히 낼 수 있고, 마음만 먹으면 보다 본격적인 요리에 도전할 수도 있는 시대에서 우리가 빠르게 잃어버리고 있는 것이 있습니다. 바로 '평범한 가정식 요리'입니다. 아니, '과거에는 평범했던 가정식 요리'라고 말하는 편이 적절할지도 모르겠습니다.

저는 오래전에 쓰인 요리책을 읽는 것을 좋아합니다. 그중에서도 특히 약 50년 전에 출간된 가정식 요리책을 좋아합니다. 거기에 실린 요리를 실제로 만들어 보거나 레시피를 보며 그 맛을 상상하다 보면 그것들이 오늘날의 가정식 요리와 크게 차이가 난다는 사실을 깨닫게 됩니다. 그 당시의 요리들은 대개 손이 많이 가는 것치고는 의외로 맛이 심심한 편입니다.

심심하다고 하면 얼핏 부정적으로 들릴 수도 있겠지만, 사실 요리의 맛은 심심한 것이 좋습니다. '재료 본연의 맛을 살린 요리'라는 식으로 거창하게 포장하지 않더라도 그 안에는 질리지 않는 정갈한 맛이 있습니다. 얄궂게도 이러한 맛은 오늘날 우리가 일상적으로 이용하는 음식점보다 조금 문턱이 높은 고급 음식점, 소위 파인 다이닝에서 선보이는 요리와도 일맥상통하는 측면이 있습니다. 옛 선조들은 집에서 이런 훌륭한 요리를 즐겼던 걸까 하고 놀랄 때가 있습니다.

이 책에는 그 옛날 가정식 요리책에 대한 오마주가 가득합니다. 그렇다고 옛 요리를 그대로 복원하지만은 않았습니다. 아무래도 옛 요리법은 너무 번거롭습니다. 게다가 그 맛도 (어떤 의미에서는 오늘날의 고급 음식점과 마찬가지로) 모든 사람의 입맛을 충족시키지 못합니다.

저는 공상과학소설에 자주 등장하는 '만약에'라는 가정하에 이 책을 쓰고자 했습니다. 즉, 과거의 가정식 요리가 그 정갈한 맛을 그대로 유지한 채, 핵가족화가 이루어지고 요리에 예전처럼 많은 시간과 수고를 들일 수 없게 되었지만 누구나 맛있는 음식에 익숙해져 버린 오늘날까지 이어지면서 발전했다면, 과연 어떤 형태로 변화했을지 상상해 보았습니다.

제가 이 책의 방향을 이렇게 정한 이유는 사실 오늘날의 일상적인 외식과 어떻게든 이를 따라잡으려 하는 포장 음식, 그리고 '편리한' 가정용 조미료의 맛에 조금 질려 버렸기 때문이기도 합니다. 그런 감정을 발판 삼아 저는 최근 몇 년간 '요리가 어디까지 미니멀해질 수 있는지' 일종의 실험을 반복해 왔습니다. 실험은 당연히 성공할 때도, 실패할 때도 있었습니다. 하지만 그 중에서 성공한 몇몇 미니멀 요리가 이제는 완전히 '우리 집의 대표 음식'으로 자리 잡게 되었습니다. 공상과학소설과도 같았던 제 상상이 우리 집에서만큼은 온전히 현실이 된 것입니다.
조금 속되게 말하자면 평소에 쉽사리 가지 못하는 고급 음식점의 맛을 언제든지 간편하게 맛볼 수 있게 되었다고 해야 할지 모르겠습니다. 고급 음식점의 요리라고 하면 진귀한 재료와 특수한 기술이 동원된다는 이미지가 있습니다. 물론 그런 것들이 고급 음식점을 고급 음식점답게 만들기도 합니다. 하지만 그런 부분은 극히 일부에 불과합니다. 그 전에 당연히 들어가야 하는 재료를 기본적인 기술로 조리하는 과정이 먼저 이루어져야 합니다.

미니멀 레시피가 지향하는 것이 바로 이 지점입니다. 저는 '평범한 재료와 대표적인 조미료에 이런 맛이 숨어 있었다고?'라는 놀라움을 선사하면서도 한편으로는 누구나 수긍할 만한 요리를 만들고자 했습니다. 그러기 위해 경험이나 감에 의존하지 않고 누구나 레시피를 정확하게 재현할 수 있도록 철저히 신경 썼습니다. 즉, 누가 만들든 간에 똑같은 요리가 나온다는 뜻입니다.

이러한 성과는 조금 과장하자면 일종의 철학으로까지 이어집니다.
'마파두부를 마파두부답게 하는 최소한의 요소는 무엇일까?'
'조림에는 꼭 국물이 필요할까?'
'애초에 맛있다는 건 뭘까?'
……뭐, 깊이 고민해 봤자 답이 나오는 것은 아니지만, 적어도 '최소한의 요소로 최대한의 맛을 끌어낸다'라는 목적만큼은 달성했다고 자부합니다.
그리고 미니멀 요리는 도달점이자 또 다른 출발점이기도 합니다. 이 책에서는 기본형 레시피 외에도 조금 변형을 준 응용 레시피를 함께 소개하고 있습니다. 이를 힌트 삼아 여러분이 여러분의 가정에 어울리는 새로운 맛을 만들어 낸다면, 그리고 그것이 평생 만들어 먹을 만한 요리가 된다면 더없이 기쁠 것입니다.

이나다 슌스케

차례

반드시 읽으셨으면 하는 머리말　4

조리도구는 합리성이 전부다　8
조미료의 '행복론'　9

궁극의 미니멀 요리, 가지 간장조림　10
가지 간장조림 기본형　12
응용① 하룻밤 재운 가지 간장조림에 고명 추가하기　14
응용② 가지 멘쯔유 조림　14
응용③ 일품 요릿집 스타일 가지 간장조림　15
응용④ 가지와 표고버섯 굴소스 간장조림　15

미니멀 마파두부　16
미니멀 마파두부 기본형　18
응용① 식당에서 파는 듯한 맛의 미니멀 마파두부　20
응용② 가족용 미니멀 마파두부　20
응용③ 미소 된장 마파 가지　21

학생 스테이크　22
학생 스테이크 기본형　24
응용① 미국식 학생 스테이크　26
응용② 경양식집 스타일 학생 스테이크　27
응용③ 프리미엄 학생 스테이크-반죽 소고기 버전　28
응용④ 프리미엄 학생 스테이크-반죽 돼지고기 버전　29

미니멀 포테이토 샐러드　30
미니멀 포테이토 샐러드 기본형　32
응용① 타라모살라타　34
응용② 프랑스 델리풍 미니멀 포테이토 샐러드　34
응용③ 왕도 포테이토 샐러드　35
[번외] 맛있으면 0칼로리라 믿고 싶은 매시드 포테이토　36
[칼럼] 감자는 귀찮은 재료?　37

토마토 달걀 볶음　38
토마토 달걀 볶음 기본형　40
응용① 좀 더 간단한 토마토 달걀 볶음　42
응용② 중화식 토마토 달걀 볶음　43

스튜라고밖에 부를 수 없는 스튜　44
더 스튜　46
응용① 스튜 개조 카레　48
응용② 스튜 개조 그라티네　49

필요충분 나베　50
필요충분 나베 수프로 만드는 삼겹살 모츠나베　52
우동스키　54

쇼지 사다오식 차슈　56
쇼지 사다오식 차슈 <개정판>　58
응용① 차슈면　60
응용② 장아찌를 넣은 히야시츄카　61

미니멀 라멘 (일본식 라면)　62
필요충분 탕면　64
닭고기 버섯 소바　66
간 고기를 넣은 매콤한 타이완 라멘　66
[번외] 한계 라멘　67

미니멀 사오마이　68
미니멀 사오마이 기본형　70
응용① 재료 소진용 완탕　72
응용② 초간단 완탕 수프　73
응용③ 피 없는 사오마이　73
응용④ 향신 사오마이와 골베라 코 아차르　74
[칼럼] 찜 요리는 가벼운 마음으로 시도해 보자　75

촉촉한 닭가슴살과 닭고기 수프　76
촉촉한 닭가슴살과 닭고기 수프 기본형　78
적당히 촉촉한 닭가슴살과 더 맛있는 닭고기 수프　80
응용① 마늘 흑초 소스를 뿌린 촉촉한 닭가슴살 냉채　82
응용② 촙 샐러드　82
응용③ 카오만까이　83

30분 치킨 84

30분 치킨 기본형 86
응용① 허브나 마늘을 넣어 풍미를 더한다 88
응용② 가니쉬로 쓸 채소도 함께 굽는다 88
응용③ 고기를 구운 프라이팬에 그대로 소스를 만든다
　　발사믹 버터 소스 89
　　토마토소스 89
응용④ 닭가슴살로 만들기 90
[번외①] 간을 고르게 하려면 91
[번외②] 인덕션을 사용한다면 91
[번외③] 손끝으로 온도를 확인하려면 91
[번외④] 만약 속이 덜 익었다면 91

채소를 이용한 미니멀 간단 요리 92

무청 볶음찜 92
어른을 위한 오이 절임 92
생강 양배추 93
무 폰즈 절임 93
양파 초간장 절임 93

한 가지 재료만 넣은 스파게티 94

피망만 넣은 스파게티 96
시금치만 넣은 스파게티 98
셀러리만 넣은 스파게티 100
양파만 넣은 스파게티 101
양송이버섯만 넣은 스파게티 102
무늬만 명란 스파게티 103
이타미 주조식 알 부로 104
응축 포모도로 105
◎ '굳이 다른 재료를 첨가하고 싶다면'에 대한 보충 설명 106
◎ 스파게티 삶는 법 108

채소찜 - 모든 채소가 맛있어지는 100:10:1의 법칙 110

푹 찐 브로콜리 기본형 112
페페론치노풍 푹 찐 브로콜리 114
양배추 버터 찜 114
맛있는 당근 글라세 114
페페로나타 115
적양파 버터 비네거 찜 115
표고버섯 버터 간장 찜 115

양념, 소스, 드레싱 116

생강구이 양념 + 돼지고기 생강구이 118
일본식 스테이크 소스 + 일본식 스테이크 119
프렌치 드레싱 + 믹스 샐러드 120
폴리네시안 소스 + 서양식 불고기 121
다이쇼 시대풍 우스터소스 + 우치다 핫켄식 양파볶음 122
수제 폰즈 4종 123

미니멀 경양식 요리 124

호텔 레스토랑의 클래식 미트소스 126
응용① 앙카케 스파게티 소스 128
옛날 카레 기본형 129
응용① 옛날 카레 부르주아지 130
응용② 비튼 부인식 카레 131
[번외] 엄청난 맛을 자랑하는 정통 유럽식 카레 132

◎ 이 책을 사용하기 전에

- 프라이팬은 불소수지 가공된 지름 20cm 혹은 24cm인 제품을, 냄비는 지름이 14cm 혹은 18cm인 제품을 요리에 따라 적절히 사용한다.

- 조리 전에 프라이팬이나 냄비의 중량을 디지털 주방 저울로 재 둔다. 완성된 요리의 중량을 잴 때는 총 중량에서 프라이팬이나 냄비의 중량을 빼고 계산한다(냄비가 뜨거울 때는 주방 저울에 냄비 받침을 깔고 잰다).

- 주방 저울은 2kg까지 측정이 가능한 제품을 사용한다.

- 레시피에 몇 인분인지 기재되지 않은 경우는 '만들기 쉬운 분량'을 나타낸다.

- 버터는 따로 기재되지 않은 경우, 가염버터를 사용한다.

- 온도, 시간, 화력은 일반적인 기준이다. 조리 환경에 따라 적절히 조절하자.

- 본문에서 '역주'라고 표시된 주석은 옮긴이의 주이며, 별도 표시가 없는 주석은 지은이의 주이다.

조리도구는 합리성이 전부다

심플한 맛을 추구하는 요리일수록 재료의 균형 그 자체가 맛에 큰 영향을 끼친다. 이는 바꿔 말하면 재료와 조미료의 균형이라고도 할 수 있다. 예를 들어 멘쯔유*나 고형 콩소메 등으로 맛을 낼 때는 양이 조금 차이 나더라도 그럭저럭 비슷한 맛이 나지만, 간장이나 소금은 양 조절을 잘못했다가는 큰 사달이 난다.

물론 익숙해지고 나면 간장이나 소금 같은 단순한 조미료가 오히려 양을 감으로 대충 조절하기 더 쉽지만, 그렇게 되기 전까지는 역시 계량이 중요하다.

이 책에서는 재료와 조미료 모두 기본적으로 '그램(g)'으로 표시한다. 하나의 재료라도 제각각 무게가 다르고, 조미료도 큰술이나 작은술로 표시하면 아무래도 오차가 발생한다. 그래서 이 책에서는 계량을 위해 디지털 주방 저울을 준비하기를 강력히 권장한다.

디지털 저울은 재료의 양을 잴 때만 필요한 것이 아니다. 어떤 의미에서는 그보다 중요한 작업이 있다. 바로 완성된 음식의 총량을 확인하는 것이다. 특히 조림은 조리 중에 얼마만큼의 수분이 증발하는지에 따라 완성도가 크게 차이 난다. 그래서 조리 중간중간에 냄비를 저울에 올려 무게를 재서 되도록 최상의 상태에 가까워지게 한다. 이 책에서는 '적당히 조린다'라는 애매한 표현을 최대한 피하고, 완성된 요리의 이상적인 무게를 그램 단위로 표기했다.

디지털 저울 외에도 요리할 때 편리한 도구가 있다면 무엇이든 사용해서 수고를 더는 것이 요리를 잘하는 비결이다.

옛날의 가정식 요리에서는 '강판으로 갈기'나 '절구에 빻기'처럼 재료를 정성껏 손질하는 과정 자체에 큰 의미가 있었다. 그러한 밑 작업은 오늘날에도 여전히 의미를 지니지만, 번거로운 것은 사실이다. 이 책에서는 그 역할을 믹서가 대신하게 했다. 언제든지 주방에 꺼내 둘 수 있는 작은 크기의 '미니 믹서'를 추천한다.

식칼은 굳이 고가의 제품을 쓸 필요는 없지만, 정기적으로 갈아 두면 훨씬 편하게 쓸 수 있다. 칼을 갈 때는 숫돌보다는 간편하게 꺼내 쓸 수 있는 세라믹 재질의 '칼갈이'를 사용하자. 전동 칼갈이라면 더욱 좋다.

주방 타이머는 필수 아이템이다. 버튼을 누르는 방식 등에 따라 제품별로 편리성이 크게 차이 나므로 쓰기 편한 제품을 고르는 것이 중요하다. 사용하기 불편한 제품을 샀다는 생각이 들면 다른 제품을 하나 더 사는 것도 좋다. 타이머가 두 개 이상 있으면 요리할 때 더 요긴하게 쓸 수 있다.

마지막은 냄비다. 어떤 크기의 냄비를 써야 할지 고민될 때는 작은 냄비를 선택하자! 적은 양의 요리를 빠르고 맛있게 만들고자 할 때는 작은 냄비가 적당하다. 조림 요리도 작은 프라이팬 하나로 충분히 만들 수 있는 경우가 많다. 냄비와 프라이팬 모두 불소수지 가공이 된 제품을 쓰는 것이 편하다.

조리도구를 마련할 때 꼭 비싼 제품을 살 필요는 없다. 그 제품이 합리적인지 아닌지만 따지면 된다.

* 간장을 만들 때 가다랑어를 넣고 숙성시킨 것-역주

조미료의 '행복론'

조미료를 고르는 방법에 대해 고민한 순간, 문득 이런 일화가 떠올랐다.

어느 미지의 땅을 조사하러 간 인류학자가 그 지역의 장로에게 자신이 내린 커피를 권했다. 하지만 그 장로는 커피를 거절하며 이렇게 말했다고 한다.

"자네가 권하는 음료이니 틀림없이 맛이 있을 테지. 하지만 내가 그 음료를 죽을 때까지 계속 마실 수 있지는 않을 텐데, 만약 지금 그 맛을 알아 버린다면 나는 앞으로 결코 행복해지지 못할 걸세."

나는 조미료가 딱 이와 같다고 생각한다.

슈퍼마켓에 가면 온갖 종류의 조미료가 즐비하다. 그중에는 소규모로 생산되어 평소에 구하기 힘든 프리미엄 제품도 있고, 대기업이 자체 기술력을 이용해 오랜 연구 끝에 출시한 제품도 있어서 나도 모르게 슬쩍 집어 들고 만다. 하지만 그럴 때마다 나는 이 일화를 떠올린다. 프리미엄 제품은 앞으로 언제 또 구할 수 있을지 장담하지 못한다. 대기업 제품은 제품이 리뉴얼되거나 생산 중단될 가능성이 있다. 그러니 지금 이 제품을 사는 행위가 내게 행복을 가져다줄지는 알 수 없다.

그래서 나는 평소 요리할 때 전통적으로 많이 쓰여 온 기본 조미료만을 사용한다. 고이구찌 간장*은 야마사 제품을, 우스구찌 간장**은 히가시마루 제품을, 미소 된장은 무기 미소와 핫초 미소, 사이쿄 미소***를 쓴다.

그리고 설탕은 비정제 사탕수수 원당을, 미림은 타카라 혼미림****을 사용한다. 중식 등 아시아 요리에 사용하는 조미료는 하나둘씩 욕심내기 시작하면 끝이 없으므로 최소한의 제품을 섞어 사용하고 있다. 향신료도 일에 필요한 경우가 아니면 되도록 특수한 제품은 쓰지 않는다.

다만 식초에 한해서만큼은 자제심을 발휘하지 못하는 편이다. 기본적으로는 미츠칸 순쌀 식초를 사용하지만, 이 밖에도 중국의 향식초나 가고시마의 최고급 흑초, 마이어 사의 셰리 식초 등 여러 식초를 애용 중이다. 반쯤 취미에 가까운 수준이지만, 모두 평생 사용할 만한 제품들이다. 참고로 내가 여기 소개한 제품이 어느 요리에나 가장 잘 어울리는 것은 아니다. 예를 들어 기꼬만 간장처럼 향이 화려한 간장에 익숙한 사람에게는 야마사 간장이 다소 밋밋하게 느껴질 수도 있다. 자신의 입맛에 맞는 조미료가 무엇인지 찾는 것이 중요하다.

조미료 자체는 이처럼 최소한으로 갖추고 있지만, 그 대신 육수나 소스 등은 이 책에 소개한 것들을 만들어 늘 저장해 두고 있다. 마음에 드는 드레싱을 발견해도 같은 제품이 단종되지 않고 계속 판매된다는 보장이 없으므로 수제 드레싱 레시피를 소중히 간직하고 있다.

* 일본에서 일반적으로 쓰이는 간장. '진한 간장'이라는 뜻으로, 색이 상대적으로 진하다는 의미지 염도가 더 높은 것은 아니다. 염도가 16~17%로, 어둡고 진한 색을 띤다.-역주

** '연한 간장'이라는 의미로, 고이구찌 간장보다 색이 연하며 투명한 연갈색이다. 염도는 18~19%로 고이구찌 간장보다 높다.-역주

*** '무기 미소'는 보리누룩을 넣어 만든 미소 된장이며, '핫초 미소'는 오직 대두와 소금만으로 만든 미소 된장이다. '사이쿄 미소'는 교토 지역의 미소 된장으로, 단맛이 강하고 색이 연하다.-역주

**** 혼미림은 찹쌀, 쌀 누룩, 소주 또는 양조 알코올을 당화·숙성시킨 것이다. 혼미림이 아닌 미림은 물엿, 쌀, 쌀 누룩의 양조 조미료, 산미료 등을 원재료로 하는 감미료이며, 알코올 함량이 1% 미만으로 거의 들어 있지 않다.-역주

궁극의 미니멀 요리, 가지 간장조림

가지조림이라고 하면 보통 가지를 먼저 기름에 튀기거나 볶은 다음 양념 국물에 바짝 조리는 방법을 떠올리겠지만, 사실 더 간단한 방법을 써도 얼마든지 맛있게 만들 수 있다.

이 가지 간장조림은 재료를 전부 냄비에 넣고 불을 켜기만 하면 된다. 맛은 간장으로만 낸다.
'육수나 단맛을 첨가해야 하는 거 아니야?'라는 불안감이 들 수도 있겠지만, 걱정할 필요 없다. 그러니 일단 한번 만들어 보기 바란다.

그리고 이 심플한 맛을 기본으로 자신의 입맛에 맞는 플러스알파를 하나둘 첨가해 보는 것도 이 요리의 즐거움 중 하나다.

이 레시피는 1969년에 처음 출간된 가정식 요리책의 고전 《반찬 열두 달(おそうざい十二ヵ月)》에 실린 '시골풍 가지'를 모티브로 하여, 재료를 정량화하고 과정을 더 간편하게 바꾼 것이다. 초보자도 재료나 완성된 요리의 중량을 정확히 계량만 하면 얼마든지 맛있게 만들 수 있도록 궁리했다.

P.8의 '조리도구는 합리성이 전부다'에서 언급한 바와 같이 요리를 만들기 전에 냄비의 무게를 미리 재 두자. 요리를 마친 후, 냄비에 든 내용물의 무게를 확인했을 때 책에 적힌 요리의 무게와 비슷하게 나왔다면 요리가 맛있게 만들어졌다는 증거다.

가지 간장조림 기본형 (P.10)

재료

가지(한입 크기로 마구 썰기)　300g

샐러드유　30g

고이구찌 간장　20g

물　150g

① 빈 냄비의 무게를 주방 저울로 재 둔다.

포인트 이때 냄비 받침의 무게까지 합쳐 계량해 두면 나중에 가열한 상태인 뜨거운 냄비의 무게를 잴 때 편하다.

② 냄비에 재료를 전부 넣는다.

③ 뚜껑을 덮고 중불에 올린다.

④ 가지의 숨이 죽을 때까지 보글보글 조린다.

⑤ 가지의 숨이 죽으면 뚜껑을 연 상태에서 좀 더 조린다.

포인트 뚜껑을 덮어 주면 맛이 더 골고루 밴다. 없다면 생략해도 된다.

⑥ 양념이 잘 스며들어 완전히 부드러워진 상태.

⑦ 무게를 쟀을 때, 요리가 300g이 되면 완성이다.

포인트 무게가 300g보다 더 나가면 좀 더 조린다. 300g보다 덜 나가는데도 가지가 푹 익지 않았다면 물을 조금 넣고 더 조린다.

응용 ①	응용 ②

하룻밤 재운 가지 간장조림에 고명 추가하기 | ## 가지 멘쯔유 조림

가지 간장조림은 맛이 충분히 밴 다음 날이 되어야 진면목을 드러낸다. 냉장고에서 꺼낸 차가운 가지에 고명을 듬뿍 올리면 술안주로 이보다 좋은 것이 없다. 고명으로는 생강, 양하, 쪽파, 푸른 차조기 잎, 참깨 등을 입맛에 맞게 선택하면 된다. 수제 폰즈(P.123)를 살짝 뿌리면 더 맛있다.

재료
(가지 간장조림 기본형에 더해)
입맛에 맞는 고명 적당량

① 고명으로 쓸 재료를 잘게 썰어 가지 간장조림 위에 듬뿍 얹는다. 입맛에 맞게 폰즈를 살짝 뿌린다.

'가지 간장조림 기본형'에 들어가는 간장을 멘쯔유로 바꾸기만 하면 감칠맛과 단맛이 더해져 남녀노소 누구나 좋아하는 맛이 된다. 선술집이나 반찬 가게에서 파는 가지조림과 맛이 비슷해지므로 좋기도 하면서 조금 아쉽기도 하지만, 만들자마자 바로 먹어도 간이 충분히 배어 있다는 장점이 있다.

재료
'가지 간장조림 기본형'에 들어가는 고이구찌 간장을 같은 양의 멘쯔유(4배 농축)로 바꾼다. 나머지는 같다.

① '가지 간장조림 기본형'과 같은 방법으로 만든다. 원하면 쪽파를 송송 썰어 올린다.

기본형   갖가지 고명

고이구찌 간장   멘쯔유

응용 ③
일품 요릿집 스타일 가지 간장조림

우스구찌 간장, 미림, 청주를 넣어 맛과 색감을 한층 끌어올렸다. 여기에도 조림 양념에 육수를 넣지 않지만, 마지막에 가다랑어포를 올려 감칠맛을 더했다. 마치 옛날 일품 요릿집에 나올 법한 요리로 술, 그중에서도 특히 일본주와 잘 어울린다.

재료
가지와 꽈리고추 합쳐서 300g
샐러드유 20g
우스구찌 간장(히가시마루) 15g
미림 15g
청주 30g
물 120g
가다랑어포(가능하면 고명용을 사용) 적당량

① '가지 간장조림 기본형'과 같은 방법으로 만든다(가다랑어포는 남겨 둔다). 접시에 담은 후, 가다랑어포를 올린다.

응용 ④
가지와 표고버섯 굴소스 간장조림

가지 간장조림이 발전된 형태로, 맛있을 수밖에 없는 여러 요소를 첨가해 화려한 맛을 냈다. 하지만 들어간 재료는 대부분 식물성이라 중국의 가정집에서 흔히 먹는 반찬이 연상되기도 한다. 차갑게 먹어도 맛있고, 간도 충분히 배어 있어 도시락 반찬으로 안성맞춤이다.

재료
가지 200g   참기름 5g
표고버섯 100g   고이구찌 간장 15g
마늘 4g   굴소스 15g
다카노쓰메 고추* 약간 청주 30g
샐러드유 25g   물 120g

* '매의 발톱'이라는 뜻의 일본 고추로, 크기가 작고 매운맛이 강하다. -역주

① '가지 간장조림 기본형'과 같은 방법으로 만든다. 접시에 담은 후, 쪽파, 볶은 깨, 다카노쓰메 고추를 취향껏 올린다.

고이구찌 간장 → 우스구찌 간장

표고버섯 + 굴소스

미니멀 마파두부

마파두부의 역사를 조사하다가 초창기의 마파두부는 지금보다 훨씬 심플한 요리였다는 사실을 알게 되었다. 여기에서 힌트를 얻어 매우 간단하면서도 재료의 맛을 충분히 느낄 수 있는 심플한 마파두부 레시피를 만들었다.

현대의 마파두부는 몇 가지 장에 육수를 넣고 전분물로 농도를 맞추는 방법이 일반적이지만, 사실 더 간단하게, 집에 있는 재료만으로 후다닥 만들어도 얼마든지 맛있게 만들 수 있다!

미니멀 마파두부는 어느 집에나 있을 법한 조미료만을 사용해 순식간에 만들 수 있으며, 두부를 뜨거운 물에 미리 데치거나 물기를 제거하는 과정도 필요 없다. 오히려 두부에서 나온 수분이 다진 고기의 진한 맛과 어우러져 마파두부의 맛을 크게 좌우한다. 기본형에서는 사천식 마파두부에 들어가는 화자오(초피) 대신 흑후추를 사용하지만, 만약 화자오 가루가 있다면 당연히 조금 넣어도 괜찮다.

미니멀 마파두부 기본형 (P.16)

재료(2인분)

A   샐러드유   15g

    다진 고기(소고기+돼지고기)   150g

    다진 마늘   15g

    고춧가루   2~6g

B   물   100g

    고이구찌 간장   30g

    목면두부(1.5cm 크기로 자른 것)   300g

C   대파(굵게 다진 것)   30g

    흑후추   2g

① 프라이팬에서 A의 재료를 계량한다.

② 그대로 중불에 올리고, 고기가 익을 때까지 볶는다.

포인트: 두부의 물기를 제거하지 않고 넣어도 된다.

③ B를 첨가하고 계량한다.

④ 다시 불을 켜고 5분 정도 보글보글 끓이면서 조린다.

포인트: 두부가 조금 뭉개져도 괜찮다.

포인트: 화자오 가루를 넣을 거라면 이때 넣는다.

⑤ 물기가 날아가기 시작하면 C를 첨가한다.

⑥ 골고루 섞듯이 살짝 볶으면 완성이다.

응용 ①
식당에서 파는 듯한 맛의 미니멀 마파두부

'미니멀 마파두부 기본형'보다 첨가하는 조미료의 종류를 조금 늘려서 마치 식당에서 파는 사천식 마파두부 같은 맛을 냈다. 다진 고기도 오늘날 주류를 이루는 마파두부처럼 돼지고기만을 사용했다. 춘장 대신 '아카미소* 10g+설탕 5g'을 사용하는데, 이를 '춘장 15g'으로 바꿔도 된다.

* 붉은색을 띠는 미소 된장으로, 염도가 높고 풍미가 진한 편이다.-역주

재료(2인분)
A 샐러드유 15g
  다진 돼지고기 150g
  마늘(굵게 다진 것) 15g
  두반장 10g
  아카미소(되도록 핫쵸 미소) 10g
  설탕 5g
B 물 100g
  고이구찌 간장 15g
  목면두부(1.5cm 크기로 자른 것) 300g
C 대파(굵게 다진 것) 30g
  화자오 가루 1g

① 프라이팬에 A의 재료를 넣고 계량한 다음, 그대로 중불에 올려 고기가 익을 때까지 볶는다.
② B를 넣고 한번 끓어오르면 물기가 날아갈 때까지 약 5분 정도 볶듯이 조린다(두부는 조금 뭉개져도 상관없다).
③ C를 넣고 섞듯이 살짝 볶는다.

응용 ②
가족용 미니멀 마파두부

매운맛은 줄이는 한편, 치킨 파우더와 굴소스로 감칠맛을 더해 남녀노소 누구나 부담 없이 먹을 수 있는 동네 중국집 스타일의 미니멀 마파두부다. 아이에게 먹이기 위해 고춧가루를 완전히 빼도 얼마든지 맛있게 먹을 수 있다. 간 마늘과 간 생강은 튜브 제품을 사용해도 된다(오히려 튜브 제품을 쓰면 더 동네 중국집과 비슷한 맛이 난다).

재료(2인분)
A 샐러드유 15g
  다진 돼지고기 150g
  간 마늘 5g
  간 생강 5g
  고춧가루 1g
B 물 100g
  굴소스 10g
  치킨 파우더 2g
  고이구찌 간장 15g
  목면두부(1.5cm 크기로 자른 것) 300g
C 대파(굵게 다진 것) 30g
  흑후추 약간

① 프라이팬에 A의 재료를 담아 계량한 다음, 그대로 중불에 올려 고기가 익을 때까지 볶는다.
② B를 첨가한 다음, 한번 끓어오르면 수분이 날아갈 때까지 5분 정도 보글보글 끓이며 조린다(두부가 조금 뭉개져도 상관없다).
③ C를 넣고 섞듯이 살짝 볶는다.

응용 ③
미소 된장 마파 가지

미소 된장으로 간을 해서 반찬으로 먹으면 밥이 술술 들어가는 맛이다. 가지와 피망뿐만 아니라 냉장고에 남아 있는 채소나 어중간하게 남은 두부를 함께 넣어도 된다.

재료(2인분)
A 샐러드유 15g
   다진 고기(돼지고기+소고기) 150g
   간 마늘 5g
   간 생강 5g
   아카미소(가능하면 핫쵸 미소) 20g
   설탕 10g
   고춧가루 2g
B 가지(한입 크기로 마구 썰기) 240g
   피망(한입 크기로 마구 썰기) 60g
C 물 100g
   고이구찌 간장 15g
D 대파(굵게 다진 것) 30g
   흑후추 약간

① 프라이팬에 A의 재료를 담아 계량한 후, 그대로 중불에 올려 고기가 익을 때까지 볶는다.
② B를 첨가한 다음, 재료에 기름이 골고루 묻도록 섞듯이 가볍게 볶는다.
③ C를 첨가하고, 뚜껑을 덮은 채로 끓인다. 한번 끓어오르면 재료를 가볍게 섞은 다음, 약불에서 조린다. 가지가 거의 다 익으면 뚜껑을 열고 수분이 날아갈 때까지 볶듯이 조린다(가지가 흐물흐물해질 때까지 조려도 그 나름대로 맛있다).
④ D를 첨가하고 살짝 볶아 섞는다.

가지를 굳이 물에 미리 담가 둘 필요는 없다. 변색이 되어도 결국 미소 된장에 조려져 먹음직스러운 색을 띠게 되고, 가지의 떫은맛도 어느 정도는 요리의 맛을 내는 데에 일조한다.

학생 스테이크

학생 스테이크는 오랜 전통을 자랑하는 스테이크 레스토랑 '아사쿠마 스테이크'에 있었던 메뉴에서 이름을 빌려 왔다. 아사쿠마의 학생 스테이크는 일반적인 스테이크와는 달리 손질하고 남은 고기 조각 등을 스테이크 모양으로 성형한 것이었다. 주머니 사정이 넉넉지 않은 학생들에게도 비프스테이크의 맛을 부담 없는 가격으로 푸짐하게 제공하고 싶은 마음에서 개발했다고 한다.

현재는 법률상의 이유로 명칭이 '학생 햄버그'로 바뀌었지만, 집에서 만드는 요리에까지 법령을 적용할 필요는 없으므로 추억이 담긴 '학생 스테이크'라는 명칭을 부활시켜 보았다. 프랑스에서도 이와 비슷한 요리를 '스테크 아셰(Steak haché)'라고 부르니 말이다.

이 레시피에서는 저렴한 다진 고기를 사용하지만, 고기의 맛 자체는 스테이크용 고기와 비교해도 전혀 손색이 없다. 질긴 고기를 먹기 쉽게 가공한 다진 고기의 특성을 그대로 살려 만든 스테이크로, 일반적인 햄버그스테이크와는 전혀 다르게 진한 고기의 맛을 그대로 느낄 수 있다. 무엇보다 재료와 요리법이 간단해서 햄버그스테이크보다 훨씬 간편하게 만들 수 있다!

학생 스테이크 기본형 (P.22)

재료(1인분)

다진 소고기(아니면 다진 돼지고기와 소고기를 섞은 것)   1팩

소금   고기 중량의 1%에 조금 못 미치게

흑후추   소금 중량의 20%

가니쉬와 소스(샐러드, 파슬리, 머스터드, 굵게 간 흑후추)   적당량

※ 고기의 양은 원하는 대로 조절한다.
두 명이 300g을 먹는다고 하면 소금은 3g이, 흑후추는 0.6g이 들어간다.

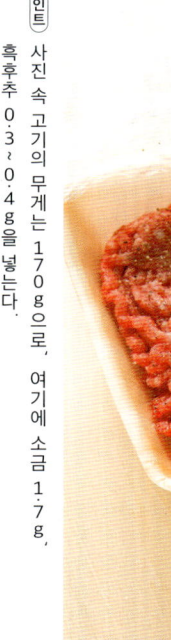

㊀ 포인트 ㊀ 사진 속 고기의 무게는 170g으로, 여기에 소금 1.7g, 흑후추 0.3~0.4g을 넣는다.

① 다진 고기 한 팩의 비닐을 벗기고, 정해진 분량의 소금과 흑후추를 뿌린다.

㊀ 포인트 ㊀ 먼저 손끝으로 꾹꾹 누른 다음, 손바닥 전체를 이용해 평평하게 고른다.

② 고기 표면에 랩을 밀착시킨 다음, 손으로 꾹꾹 눌러 고기를 굳힌다.

[포인트] 고기에서 기름이 나오므로 따로 기름을 두르지 않아도 된다.

③ 차가운 불소수지 가공 프라이팬에 팩에 담긴 고기를 뒤집어 올린다.

④ 중불에서 굽기 시작한다.

⑤ 아랫면이 노릇노릇하게 구워져 향이 나기 시작하면 뒤집어서 반대쪽 면도 마찬가지로 굽는다.

⑥ 꼬치로 찔렀을 때 나오는 육즙이 투명하면 다 익은 것이다.

[포인트] 고기가 다 익었으면 접시에 옮겨 담고, 샐러드나 머스터드를 함께 곁들인다.

25

응용 ① 미국식 학생 스테이크

학생 스테이크에 치즈를 올려 보자! 프라이팬에 남아 있는 기름에 채소도 살짝 구워 곁들이면 푸짐하고 호화로운 햄버거를 만들어 먹을 수도 있다.

재료(1인분)
(학생 스테이크 기본형에 추가)
슈레드 치즈   적당량
양파(둥글게 썬 것)   적당량
토마토(둥글게 썬 것)   적당량
꽈리고추   적당량
베이컨(슬라이스)   1~2장
모닝롤   1개

① '학생 스테이크 기본형'을 구운 다음, 그 위에 슈레드 치즈를 올린다. 프라이팬에 뚜껑을 덮은 채로 중불에 올려 치즈가 녹을 때까지 굽는다.
② 다 구워진 학생 스테이크를 꺼내고, 같은 프라이팬에 양파, 토마토, 꽈리고추, 베이컨을 넣어 원하는 정도까지 굽는다.
③ 접시에 학생 스테이크와 ❷의 채소를 담은 후, 토스터에 구워 가로로 반을 자른 모닝롤을 함께 곁들인다. 입맛에 맞게 머스터드, 케첩, 마요네즈(분량 외)를 곁들인다.

치즈는 입맛에 맞는 것을 사용하면 된다. 블루 치즈를 올려도 맛있다.

프라이팬에 남은 육즙이 채소에 스며들게 굽는다.

응용② 경양식집 스타일 학생 스테이크

학생 스테이크를 밥과 함께 먹고 싶다면 이렇게 만들어 보자! 고기를 굽고 남은 기름과 육즙을 버리지 않고 활용하면 눈 깜박할 사이에 경양식집에 나올 법한 하이라이스 스타일의 소스를 만들 수 있다. 익을 때까지 시간이 걸리는 양파는 고기를 굽기 시작할 때 전자레인지에 넣고 돌려 버리면 빠르게 익힐 수 있다.

재료(1인분)
(학생 스테이크 기본형에 추가)
양파(결을 따라 슬라이스) 200g
와인(레드나 화이트 모두 가능)* 50g
토마토케첩 80g
우스터소스(중농 소스도 사용 가능) 40g
버터 10g

* 와인이 없으면 일본주, 그조차도 없으면 물을 사용해도 된다.

① '학생 스테이크 기본형'을 굽는 동안, 양파를 전자레인지에 약 5분간 돌린다.
② 다 구워진 학생 스테이크를 접시에 옮겨 담고, 같은 프라이팬에 ❶의 양파를 넣고 볶는다. 고기에서 나온 육즙과 양파가 잘 섞이면 나머지 재료를 전부 넣고 중불에서 골고루 볶는다.
③ 전체적으로 걸쭉해지면 버터를 넣어 완성한다. 파슬리를 곁들이고, 밥도 함께 준비한다.

양파는 전자레인지에 돌려 부드럽게 익힌다.

완성된 소스의 총량은 320g 정도다.

응용 ③ 프리미엄 학생 스테이크 - 반죽 소고기 버전

조금 번거롭기는 하지만, 다진 고기를 미리 살짝 반죽해 두면 탄력이 생기고 육즙도 잘 흘러나오지 않게 된다. 다진 고기에 얇게 썬 고기를 첨가하는 이유는 고기의 맛이 더욱 진해져서 스테이크 같은 느낌이 날 뿐만 아니라, 그렇게 하면 반죽에 드는 시간과 수고를 훨씬 덜 수 있기 때문이다. 직접 경험해 보지 않으면 얼마나 차이가 나는지 알지 못하므로 꼭 한번 해 보라!

스테이크와 거의 비슷한 수준이다. 그래서 만화 <은하철도 999>에서 철이와 메텔이 먹은 전형적인 스테이크처럼 담아 보았다. 소스와 가니쉬는 취향에 맞게 선택한다.

재료(2인분)
간 소고기(또는 간 소고기와 간 돼지고기를 섞은 것)   200g
소고기 자투리(슬라이스)   200g
소금   3g
흑후추   0.5g

① 볼에 재료를 전부 넣고 골고루 섞는다.
② 스테이크처럼 적당히 빚은 다음, 차가운 프라이팬에 놓고 중불에 올린다.
③ 노릇노릇하게 구워지면 반대로 뒤집은 다음, 약불에서 속까지 천천히 익힌다.
④ 취향에 맞는 소스(P.121의 '폴리네시안 소스' 등)나 가니쉬(구운 감자, 데친 콩, 당근, P.110의 '채소찜' 등)를 접시에 함께 곁들인다. 고기 위에 레몬 슬라이스와 버터를 올려도 좋다.

고기가 골고루 섞였을 때쯤에는 찰기가 적당히 생겨서 저절로 뭉쳐진다.

고기를 랩으로 감싸면 모양을 잡기가 더 쉽다.

응용 ④ 프리미엄 학생 스테이크 - 반죽 돼지고기 버전

반죽 돼지고기 버전은 부드럽고 도톰하게 만들었다. 돼지고기는 간을 좀 더 세게 하고, 좋아하는 허브를 첨가하면 좋다. 이 레시피에서는 시판용 이탈리안 허브 믹스를 사용해 '맥모닝'의 소시지 패티 스타일로 완성했다.

재료(2인분)
간 돼지고기(또는 간 돼지고기와 간 소고기를 섞은 것)   150g
돼지고기 자투리(슬라이스)   150g
소금   4g
드라이 믹스 허브*   1g

* '이탈리안 허브 믹스'라는 이름으로 판매되는 제품이라면 무엇이든 상관없다. 말린 허브 한 가지를 단독으로 첨가하고 싶다면 오레가노를 주로 넣고, 있다면 여기에 바질이나 타임, 로즈메리를 소량 첨가한다.

① 모든 재료를 '프리미엄 학생 스테이크-반죽 소고기 버전'과 같은 방법으로 섞은 다음, 원하는 형태로 빚어(여기서는 반죽을 사등분한 다음, 맥모닝에 들어가는 소시지처럼 둥글게 빚었다) 같은 방법으로 굽는다.
② 취향에 맞는 가니쉬와 함께 접시에 담는다(여기서는 스크램블드에그와 학생 스테이크를 구운 프라이팬에 구운 토마토를 곁들이고, 잘게 다진 파슬리와 흑후추를 뿌린 다음, 노릇노릇하게 구운 잉글리시 머핀과 버터를 함께 놓았다).

미니멀 포테이토 샐러드

막상 만들려고 하면 의외로 귀찮은 포테이토 샐러드. 그래서 최소한의 재료와 최소한의 공정으로 심플한 포테이토 샐러드를 만들어 봤더니 정말 훌륭했다! 감자 본연의 맛을 최대한 끌어내어 마구 먹어도 질리지 않는 맛있는 샐러드를 완성했다.

미니멀 포테이토 샐러드의 기본형은 감자만 삶으면 껍질도 쉽게 벗겨지고, 채소를 미리 절일 필요도 없다. 생각났을 때 부담 없이 바로 만들 수 있다. 마요네즈도 넣지 않으므로 열량도 낮은 데다 간도 재료에만 살짝 하므로 식사 대용으로 먹기 좋다.

감자 껍질을 쉽게 벗길 수 있는 매우 간편한 방법도 함께 소개한다.

미니멀 포테이토 샐러드 기본형 (P.30)

재료

감자 원하는 개수만큼

아래에 나온 분량은 감자를 삶아서 껍질을 벗긴 후의 무게를 기준으로 한다.

양파(결을 따라 얇게 썬 것) 감자 무게의 10% 정도

오이(둥글게 썬 것) 감자 무게의 10% 정도

소금 1%

흑후추 한 꼬집

쌀식초 4%

샐러드유(또는 올리브유) 5%

포인트 두께를 최대한 줄일 수 있게 썰면 삶는 시간을 절약할 수 있다.

① 감자를 깨끗이 씻은 다음, 껍질이 있는 상태에서 반으로 썬다.

포인트 젓가락으로 찔렀을 때 푹 들어가면 다 삶아진 것이다.

② 자른 감자를 물에 넣고 삶는다.

③ 감자를 체에 건진 뒤, 나무 주걱으로 살짝 으깬다.

④ 젓가락으로 껍질을 살살 벗긴다.

포인트 껍질이 조금 남아도 신경 쓰지 말자.

⑤ 감자를 볼에 옮겨 담고, 식기 전에 나머지 재료를 전부 넣는다.

⑥ 나무 주걱으로 으깨 가며 골고루 섞는다.

포인트 감자의 열기에 채소의 숨이 적당히 죽으면서 아삭아삭한 식감은 그대로 남는다.

응용 ①
타라모살라타

타라모살라타는 생선알을 절여 만든 스프레드인 타라마를 올리브유나 레몬즙과 섞어 만드는 그리스의 샐러드다. '미니멀 포테이토 샐러드 기본형'에 대구알과 버터를 첨가하면 근사한 술안주가 된다. 대구알을 듬뿍 넣으면 바게트와 잘 어울리는 딥 소스가 되기도 한다.

재료
(미니멀 포테이토 샐러드 기본형에 추가)
대구알　삶은 감자 무게의 20%~원하는 만큼
버터　삶은 감자 무게의 5%~원하는 만큼

① '미니멀 포테이토 샐러드 기본형'에 재료를 넣어 섞는다.

응용 ②
프랑스 델리풍 미니멀 포테이토 샐러드

포테이토 샐러드에 딜과 머스터드를 넣어 마치 프랑스의 델리나 비스트로에 나올 법한 세련된 맛을 냈다. 와인과 함께 먹으면 환상적이다. 딜은 사서 바로 냉동해 두었다가 언 상태에서 가위로 쓱쓱 잘라 사용하면 편하다. 이렇게 하면 상해서 버릴 일도 없고, 필요할 때 바로 쓸 수 있다.

재료
(미니멀 포테이토 샐러드 기본형에 추가)
마요네즈　삶은 감자 무게의 10%
프렌치 머스터드　삶은 감자 무게의 3%
딜(원하는 길이로 자른 것)　적당량

① '미니멀 포테이토 샐러드 기본형'에 재료를 넣고 섞는다.

대구알　＋　버터

딜　＋　마요네즈 & 프렌치 머스터드

응용 ③
왕도 포테이토 샐러드

◎ **전자레인지로 달걀 삶기**

지퍼락 밀폐 용기에 달걀을 깨 달걀노른자를 살짝 터뜨린 다음, 뚜껑을 덮고 1분간 전자레인지에 돌린다(작은 접시에 달걀을 담고 랩을 씌워 돌려도 된다).

다른 재료나 마요네즈를 첨가해 좀 더 '그럴싸한' 포테이토 샐러드를 만들면 가족들의 불만을 미연에 방지할 수 있다……는 건 농담이지만, 가끔은 이런 뻔한 요리도 좋지 않을까! 생각보다 귀찮은 '달걀 삶기'도 전자레인지를 이용하면 1~2분 만에 끝낼 수 있다.

재료
(미니멀 포테이토 샐러드 기본형에 추가)
마요네즈   삶은 감자 무게의 20%
햄 또는 소시지   삶은 감자 무게의 10%를 기준으로 원하는 만큼
전자레인지로 삶은 달걀(우측 참조)   원하는 만큼

① '미니멀 포테이토 샐러드 기본형'에 재료를 넣고 섞는다.

햄 또는 소시지

전자레인지로 삶은 달걀

번외 맛있으면 0칼로리라 믿고 싶은 매시드 포테이토

포테이토 샐러드는 아니지만, 감자 껍질을 쉽게 벗기는 방법을 말한 김에 매시드 포테이토도 함께 소개한다. 열량에 대해서는 잠시 잊을 필요가 있지만, 적은 양으로도 어마어마한 만족감을 주므로 어쩌면 다이어트가 되지 않을까? 고기 요리에 곁들이거나 오늘 하루 프랑스인이 된 기분으로 맛있게 먹어 보자!

재료
감자 원하는 만큼
버터 삶은 감자 무게의 25~50%(양심껏)
소금 입맛에 맞게

① '미니멀 포테이토 샐러드 기본형'과 같은 방법으로 감자를 삶아 껍질을 벗긴다.
② 감자가 식기 전에 버터를 넣고 나무 주걱 등으로 잘 저어 부드럽게 만든다. 싱거울 때는 소금으로 간한다.

[칼럼] 감자는 귀찮은 재료?

감자는 정말 맛있는 채소다. 다양한 요리에 쓸 수 있고, 가격도 저렴한 데다 언제든지 쉽게 구할 수 있는 훌륭한 재료다. 하지만 집에서 막상 요리에 쓰려고 하면 조금 귀찮은 면이 있다.

포테이토 샐러드는 누구나 좋아하는 요리고, 만드는 방법 자체는 그다지 어렵지 않다. 하지만 실제로 만들어 보면 감자를 삶아서 껍질을 벗기고 으깨야 하고, 다른 재료도 일일이 손질해야 하는 등 상당히 번거롭다. 그래서 요즘 사람들에게 포테이토 샐러드는 집에서 만들어 먹는 음식이 아니라 돈을 주고 밖에서 사 먹는 음식이 되고 있다.

하지만 '직접 만들어 먹는 포테이토 샐러드'와 '밖에서 파는 포테이토 샐러드'의 맛은 전혀 다르다. 어느 쪽이 더 낫다거나 맛있다는 의미가 아니다. 그냥 맛 자체가 다른 것이다. 밖에서 파는 포테이토 샐러드는 우리가 과거에 먹었던 포테이토 샐러드와 전혀 다른 방향으로 점차 발전해 가고 있는 듯하다.

크로켓도 마찬가지다. 아니, 크로켓은 포테이토 샐러드보다도 훨씬 손이 많이 간다. 그래서 크로켓도 이제는 당연히 밖에서 사 먹는 음식이 되어 버린 듯하지만, 가게에서 파는 크로켓과 집에서 만드는 크로켓은 포테이토 샐러드보다도 맛 차이가 훨씬 뚜렷하다.

밖에서 파는 포테이토 샐러드와 크로켓 모두 (그건 그 나름대로 맛있기에) 언제든지 간편하게 사 먹을 수 있다는 점에서는 매우 감사하게 생각한다. 하지만 그런 편리함 때문에 가정에서 만들던 추억의 맛이 그대로 사라져 버리면 너무나도 안타깝지 않을까.

그런 딜레마를 조금이라도 해소하고자 개발한 것이 '미니멀 포테이토 샐러드'다. 크로켓도 반죽을 만들어서 내열 접시에 깐 다음, 그 위에 빵가루를 뿌려 오븐이나 토스터로 굽는 방법이 있다. 이 책에 크로켓 레시피를 싣지는 않았지만, 만약 만들 기회가 있다면 넛맥 가루를 첨가해 보기 바란다. 레스토랑에 나올 법한 세련된 맛을 느낄 수 있다.

감자 요리가 번거로운 가장 큰 이유는 껍질을 벗기는 데에 손이 많이 가기 때문일 것이다. 일본의 대표적인 감자 품종으로는 메이퀸과 남작(단샤쿠)이 있는데, 메이퀸은 표면이 비교적 매끄러워서 껍질을 까기가 쉬운 편이고 쉽게 뭉개지지 않아 조림 요리에 적합하지만, 포테이토 샐러드나 크로켓처럼 포슬포슬한 식감이 중요한 요리에는 어울리지 않는다. 그래서 그런 요리에는 남작이라는 품종의 감자를 쓰게 되는데, 이게 여간 골칫거리인 게 아니다. 둥글고 울퉁불퉁한 데다 눈도 깊어서 껍질을 도려내듯이 벗겨 내야만 한다.*

언젠가 감자 육종 전문가에게 이런 질문을 한 적이 있다.

"미국이나 유럽에는 표면이 매끈하고 크기도 커서 껍질을 벗기기 쉬운 감자 품종이 많은데, 어째서 일본은 껍질을 벗기기 힘든 남작 감자가 주류가 된 겁니까?"

그는 이렇게 답했다.

"일본인은 남작이라는 품종에 압도적인 신뢰를 보내고 있기에 그렇습니다. 사실 좀 더 수월하게 껍질을 벗길 수 있는 품종이 얼마든지 있고, 맛이나 재배 난이도 측면에서도 전혀 문제가 없는데, 다른 품종은 잘 팔리질 않습니다."

이게 무슨 소리일까. 남작 감자에 대한 일본인의 큰 사랑이 도리어 그들의 목을 조이고 있다는 뜻이다. 그러니 앞으로 매끈매끈하고 포슬포슬한 감자가 시장에 나오면 다들 적극적으로 사는 게 어떨까! ……물론 파는 곳이 많지는 않겠지만 말이다.

* 한편 한국에서 가장 많이 생산되는 감자는 1970년대에 도입된 수미 감자로, 눈이 얕고 포슬포슬함과 끈끈함의 중간 식감을 지닌 것이 특징이다. 수미 감자가 도입되기 전에는 주로 남작 감자를 재배해 왔다.-역주

토마토 달걀 볶음

중국 가정에서 즐겨 먹는 요리 중 하나인 토마토 달걀 볶음. 중국어로는 '시홍스차오지단'이라고 하는 이 요리는 이제 일본에서도 꽤 대중적인 음식이 되었다.

'반찬이 하나 더 있었으면 좋겠는데'라는 생각이 들 때, 구하기 쉬운 재료로 빠르게 만들 수 있는 이 요리를 매우 간단하면서도 재료 본연의 맛을 최대한 즐길 수 있게 레시피로 정리해 보았다. 요리법이 워낙 간단하기 때문에 몇 가지 팁만 더해도 맛이 한층 좋아진다.

요리가 질척해지지 않도록 '토마토 달걀 볶음 기본형'에서는 먼저 토마토에 소금을 뿌려 물기를 제거한다. 이때 빠져나온 국물이 이 레시피에서 사용하는 유일한 조미료다! 쉽게 말해 글루타민산이 풍부한 토마토즙이 육수의 역할을 대신하는 것이다.

토마토 달걀 볶음을 맛있게 만드는 비결은 달걀을 먼저 볶아 따로 덜어 놓는 것이다. 기름을 넉넉히 두르고 센 불에 단숨에 익히면 수분이 분리되지 않아 달걀이 폭신폭신해진다.

토마토 달걀 볶음 기본형 (P.38)

재료(2인분)

토마토(반달 모양으로 잘라 가로로 이등분한 것)
　　200g(작은 토마토 2개~큰 토마토 1개)

소금　3g

달걀　3개

파(다진 것)　10g

샐러드유　30g

① 토마토에 정해진 분량의 소금을 뿌려 약 10분간 둔다.

포인트: 토마토를 볶았을 때 질척거리지 않도록 미리 소금을 뿌려 물기를 뺀다.

② 다른 볼에 달걀을 깨뜨려 넣고 푼 다음, 다진 파를 넣는다.

③ ❶의 토마토에서 흘러나온 국물을 부어 섞는다.

포인트: 국물은 모두 부어도 된다.

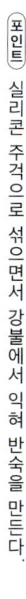

포인트 실리콘 주걱으로 섞으면서 강불에서 익혀 반숙을 만든다.

④ 프라이팬에 샐러드유를 둘러 뜨겁게 달군 후, ❸의 달걀물을 단숨에 붓고 볶는다.

⑤ 요리를 담을 접시에 잠시 덜어 둔다.

포인트 기름이 남아 있으므로 프라이팬을 씻지 않고 그대로 사용한다.

⑥ 달걀을 볶은 프라이팬에 토마토를 넣고 살짝 볶는다.

⑦ ❺의 달걀을 다시 넣고 빠르게 볶아 섞는다.

응용 ① 좀 더 간단한 토마토 달걀 볶음

재료를 전부 섞은 다음, 적은 양의 기름으로 한 번에 볶는다. 질척해지기 쉬우므로 전분 가루를 넣어 물이 분리되는 것을 막는다. 기름을 적게 사용하는 만큼 부족해지기 쉬운 깊은 맛을 굴소스로 보충하기 때문에 아이들이 좋아할 만한 익숙한 맛이 난다.

재료(2인분)
토마토(반달 모양으로 잘라 가로로 이등분한 것)   200g
소금   3g
달걀   3개
굴소스   5g
파(다진 것)   10g
전분 가루   2g
샐러드유   15g

① 토마토에 정해진 분량의 소금을 뿌려 약 10분간 둔다.
② 볼에 달걀을 깨뜨려 넣어 푼 다음, 굴소스와 파를 넣고 잘 섞는다.
③ 먼저 ❶에서 토마토 과육 부분만 건져 ❷에 넣고, 여기에 토마토에서 흘러나온 즙에 전분 가루를 풀어 첨가한다.
④ 샐러드유를 둘러 뜨겁게 달군 프라이팬에서 ❸을 단숨에 볶는다.

토마토에서 흘러나온 즙에 전분 가루를 먼저 풀어 두어야 잘 뭉치지 않는다.

기름을 넉넉히 두르고 강불에서 단숨에 볶는다.

응용 ② 중화식 토마토 달걀 볶음

중식 레스토랑에 나올 법한 조금 화려한 맛의 토마토 달걀 볶음이다. 즉석에서 케첩과 굴소스를 넣어 만든 토마토소스에 폭신폭신한 달걀을 올린다는 느낌으로 만든다.

재료(2인분)
토마토(반달 모양으로 잘라 가로로 이등분한 것) 200g
소금 3g
설탕 3g
달걀 3개
샐러드유 30g
A 파(다진 것) 10g
　토마토케첩 15g
　굴소스 5g

① 토마토에 정해진 분량의 소금을 뿌려 약 5분간 둔다.
② 볼에 달걀을 깨뜨려 넣어 푼 다음, 토마토에서 나온 국물을 붓고 잘 섞는다.
③ 프라이팬에 샐러드유를 둘러 뜨겁게 달군 후에 ❷의 달걀물을 단숨에 붓고 강불에서 볶은 다음, 접시에 옮겨 담아 둔다.
④ ❸의 프라이팬에 샐러드유를 살짝(분량 외) 두르고, ❶의 토마토와 A를 넣고 볶는다. 토마토가 익으면 ❸의 달걀을 다시 넣고 살짝 볶는다.

스튜라고밖에 부를 수 없는 스튜

스튜라고 하면 크림스튜나 비프스튜를 떠올리는 사람이 많겠지만, 원래 스튜는 고기나 채소 같은 재료를 듬뿍 넣고 푹 끓인 요리의 총칭이다.

그런 의미에서 여기서 소개할 '더 스튜'의 레시피는 일명 '스튜라고밖에 부를 수 없는 스튜'라고 할 수 있다. 재료를 넣고 끓이기만 해도 건더기에 간이 배고 수프에서 깊은 맛이 우러나는, 그야말로 스튜의 원점인 요리다. 이 요리는 1983년에 처음 출간된 《반찬 스타일의 외국 요리(おそうざいふう外国料理)》에 실린 '아이리시스튜'를 정량화해서 누구나 실패하지 않고 만들 수 있게 레시피를 새로 쓴 것이다.

스튜를 맛있게 끓이는 비결은 한 번에 많은 양을 만드는 것이다. 그렇기에 남은 스튜를 카레로 바꾸는 최고의 레시피와 그라티네로 변신시키는 방법도 함께 소개한다.

더 스튜 (P.44)

재료

감자　200g

양파　200g

돼지 삼겹살 또는 목심(덩어리육)　200g

소금　6g

물　600g

월계수잎　2장

① 감자와 양파는 껍질을 벗겨 큼직하게 썬다. 고기도 비슷한 크기로 잘라 계량한다.

포인트　채소와 고기의 크기는 가로세로 4~5㎝ 정도가 적당하다.

② 나머지 재료도 냄비에 넣는다.

③ 불에 올린 후, 한번 끓어오르면 거품을 걷어 낸다.

④ 뚜껑을 덮고 불을 최대한 약하게 한 상태에서 60~90분간 끓인다.

[포인트] 고기가 야들야들해질 때까지 푹 끓인다.

⑤ 물이 절반 정도로 줄어 냄비의 내용물이 900g 정도가 되었을 때가 가장 이상적이다.

[포인트] 고기가 야들야들해지기 전에 물이 절반 이상 줄 것 같다면 중간중간에 물을 조금씩 부어 완성된 요리의 무게가 900g이 되게 맞춘다.

응용 ① 스튜 개조 카레

'더 스튜' 자체는 소금으로만 간을 한 심플한 맛이므로 넉넉히 만들어 보관해 두었다가 다양한 요리로 변신시킬 수 있다. 여기서는 간단히 만들 수 있는 '토마토 마살라'를 첨가해서 오랜 시간 푹 끓인 스튜의 깊은 맛을 그대로 살린 카레로 완성했다.

재료(2인분)
남은 더 스튜   400g
토마토 마살라
    샐러드유   10g
    간 마늘*   4g
    간 생강*   4g
    토마토(깍둑썰기 한 것)   50g
    소금   1g
    카레 가루   6g

* 마늘과 생강은 튜브 제품을 사용해도 된다.

① 토마토 마살라를 만든다. 샐러드유를 둘러 달군 프라이팬에 간 마늘과 간 생강을 넣고 볶는다. 향이 나기 시작하면 토마토와 소금을 넣고, 토마토가 물러질 때까지 볶는다. 페이스트 상태에 가까워지면 카레 가루를 넣고 향이 날 때까지 볶는다.
② 토마토 마살라를 남은 더 스튜에 넣어 섞으면서 데운다. 감자가 푹 익어 뭉개지기는 하지만, 조금 뭉개져도 오히려 전체적으로 국물이 걸쭉해져서 맛이 좋아진다.

토마토 마살라에 카레 가루를 넣은 모습. 이것만 있으면 니쿠쟈가**나 돈지루*** 같은 일상적인 조림 반찬도 순식간에 일본식 카레로 변신한다. 모츠나베(P.50)나 우동스키(P.54)를 먹는 도중에 첨가하면 색다른 맛을 즐길 수도 있다.

** 일본식 소고기 감자조림-역주
*** 일본식 돼지고기 된장국-역주

응용 ② 스튜 개조 그라티네

넉넉히 만들어서 남은 스튜는 비스트로에 나올 법한 그라티네로 변신시킬 수도 있다. 스튜에 국물이 너무 많다면 처음 스튜를 데울 때 불필요한 수분을 날려 버리거나 감자를 으깨기 전에 일단 국물을 따로 덜어 두었다가 감자를 으깬 후에 국물을 첨가해 농도를 맞춘다.

재료
남은 더 스튜 적당량
슈레드 치즈 적당량
빵가루 적당량
버터 적당량

① 냄비에 남은 더 스튜를 담아 불에 올려 데우면서 나무 주걱 등으로 감자를 부드럽게 으깬다.
② ❶을 내열 접시에 넓게 담고 그 위에 슈레드 치즈, 빵가루, 버터를 순서대로 올린다. 250℃로 예열한 오븐(또는 토스터)에 넣어 표면이 노릇노릇해질 때까지 굽는다.

이 정도로 부드러워지면 내열 접시에 옮겨 담는다.

필요충분 나베

시판용 나베 쯔유를 쓰지 않아도 직접 간단하게 나베 요리를 즐길 수 있다면 얼마나 좋을까. 여러분의 그런 바람을 이룰 수 있는 '필요충분 나베'를 소개한다.

'삼겹살 모츠나베'의 베이스로 사용한 '필요충분 나베 수프'에 들어가는 재료는 물, 우스구찌 간장, 아지노모토(MSG 조미료), 마늘, 다카노쓰메 고추가 전부다. '이것만으로 수프가 된다고?'라고 생각할 수도 있겠지만, 이것만으로도 충분히 맛있는 수프가 만들어진다!

맛을 결정짓는 핵심은 깔끔한 맛을 내는 듯하지만 의외로 감칠맛이 풍부한 우스구찌 간장(히가시마루)과 살짝 넣는 아지노모토다. 아지노모토를 너무 많이 넣으면 오히려 재료 본연의 맛을 덮어 버리므로 사용량을 정확히 지키는 것이 좋다.

여기에 마늘과 매콤한 다카노쓰메 고추까지 더해지면 고기 위주의 나베 요리에 딱 어울리는 수프가 된다. 처음에는 짠맛만 느껴지던 수프도 고기의 기름이 배어들면서 순식간에 맛이 변하고, 마지막에 건더기가 다 사라질 때쯤에는 진하고 환상적인 맛을 내는 수프로 바뀐다. 이처럼 '성장을 즐길 수 있는 수프'이기도 한 이 나베 요리의 끝은 입맛에 맞게 중화면이나 우동, 소면 등을 넣어 마무리한다.

필요충분 나베 수프로 만드는 삼겹살 모츠나베 (P.50)

재료

필요충분 나베 수프

    물 1,000g

    아지노모토 1g

    우스구찌 간장(히가시마루) 80g

    마늘(슬라이스) 10g

    다카노쓰메 고추 1~2개

건더기

    삼겹살(슬라이스) 100g

    양배추(먹기 좋은 크기로 썬 것) 100g~원하는 만큼

    숙주 1봉지~원하는 만큼

    부추(먹기 좋은 길이로 썬 것) 2분의 1단~원하는 만큼

    소 대창 100g

    면(중화면, 우동, 소면 등 취향껏) 적당량

※ 입맛에 맞게 폰즈나 유즈코쇼(유자고추) 또는 모미지오로시*를 곁들여도 된다.

* 무와 홍고추를 함께 간 것-역주

① 냄비에 물과 아지노모토를 계량한다.

포인트 : 감칠맛이 너무 강해지지 않도록 아지노모토를 정확히 계량해서 넣는다.

② 필요충분 나베 수프에 들어가는 나머지 재료를 넣는다.

포인트 : 매운맛을 줄이고 싶을 때는 다카노쓰메 고추의 씨를 뺀다.

③ ❷를 한 번 끓여서 필요충분 나베를 완성한다.

④ 다른 냄비에 건더기 재료를 듬뿍 넣은 다음, 끓인 ❸을 부어 식탁에서 끓인다.

포인트 : 소 대창은 너무 오래 끓이지 않도록 먹으면서 조금씩 넣는다.

우동스키

우동을 '마무리'가 아니라 처음부터 메인으로 즐기는 나베 요리다. 맛있는 육수와 우동면만 있으면 나머지는 냉장고에 있는 재료를 아무거나 넣자는 식으로 가볍게 만들 수 있다. 우동면은 건면이나 냉동면을 사용해도 되지만, 사실 제일 좋은 것은 비닐 포장된 '데친 우동면'이다. 맛에 좀 더 욕심을 내고 싶을 때는 여기에 고급 소고기를 조금 넣기만 하면 된다. 그리고 수란도 소고기 못지않게 맛있다. 시판 다시팩만 있으면 완벽한 육수를 만들 수 있으므로 그 맛을 너무 가리지 않는 재료를 넣어 마지막에 깔끔한 국물까지 즐기는 것이 포인트다. 우동을 다 먹고 남은 국물에 마무리로 죽을 끓여 먹어도 좋다.

재료
나베 수프
    육수 1,000g(다시팩에 나온 설명대로 만든다)
    우스구찌 간장 60g
    미림 30g
    청주 30g
건더기
    우동 2덩이
    소고기 50g
    목면두부 2분의 1모
    교아게* 1장
    대파 1개
    소송채 2분의 1단
    달걀 2개

* 얇은 유부보다 더 두툼하고 큼직한 유부를 사용한다. 교아게란 간사이 지방에서 주로 판매되는 유부의 일종으로, 일반적인 유부보다 더 두툼하고 가로로 긴 것이 특징이다.-역주

① 나베 수프의 재료를 모두 넣고 한 번 끓인다.
② 수프를 식탁에 놓은 상태에서 우동면과 건더기 재료를 넣어 끓이면서 먹는다. 입맛에 따라 폰즈(P.123 '수제 폰즈'를 꼭 만들어 먹어 보자)나 시치미토가라시** 등을 곁들이면 좋다.

** 고춧가루에 후추, 진피, 양귀비, 삼씨, 산초, 파래 등을 섞어 총 7가지 재료로 만든 향신료-역주

쇼지 사다오식 차슈

음식 에세이로 유명한 작가 겸 만화가 쇼지 사다오 씨의 명작 레시피 중에 '쇼지식 차슈'라는 것이 있다. '삶은 돼지고기를 간장에 재우는' 그야말로 미니멀한 레시피지만, 깜짝 놀랄 만큼 맛있다.

이 책에서는 그 레시피를 좀 더 발전시켜 '만들 때 많은 양의 간장이 필요하다는 점'이나 '간장에서 돼지고기를 언제 건져 내야 할지 잘 모르겠다는 점' 같은 장벽을 낮추고자 한다. 더 나아가 돼지고기를 삶은 물과 돼지고기를 재웠던 간장을 버리지 않고 그대로 활용해 라멘을 만드는 레시피도 함께 소개한다.

쇼지 사다오식 차슈 <개정판> (P.56)

재료

돼지 삼겹살 또는 목심(덩어리육)   약 300g

물   약 1,000g(고기가 완전히 잠길 정도의 양)

마늘   1쪽

생강(슬라이스)   2장

대파의 파란 부분   적당량

고이구찌 간장   삶아서 건진 돼지고기 중량의 20%

① 냄비에 모든 재료를 넣고 불에 올린다.

② 끓어오르면 거품을 걷어 내고, 고기를 꼬치로 찔렀을 때 푹 들어갈 때까지 30분~1시간 동안 삶는다.

포인트 : 고기가 계속 물에 푹 잠기게 한다. 물이 부족해지면 도중에 좀 더 붓는다.

[포인트] 고기를 삶은 국물은 따로 덜어 두었다가 차슈멘의 수프로 활용한다.

③ 다 삶은 모습. 뜨거운 상태에서 고기를 건져 무게를 잰다.

④ ③의 고기를 중량의 20%에 해당하는 고이구찌 간장과 함께 지퍼백이나 비닐봉지에 넣는다.

[포인트] 볼에 물을 받은 다음, 봉지를 물에 가라앉히면서 작업하면 공기를 좀 더 쉽게 뺄 수 있다.

⑤ ④의 봉지의 공기를 빼서 밀봉한 다음, 냉장고에 넣는다.

[포인트] 봉지에 남은 간장 국물은 차슈멘의 양념으로 활용한다.

⑥ 냉장고에 하루 동안 두었다가 고기를 건져 낸다.

응용 ① 차슈면

차슈를 삶은 물과 재워 두었던 간장을 이용해 만든 심플한 간장 라멘이다. 여기에 아지노모토를 조금 넣으면 '가게에서 먹는 것과 비슷한 맛의 라멘'이 되니 입맛에 따라 선택하자.

재료(1인분)
중화면 1덩이
차슈를 재워 두었던 간장(P.59) 10g
고이구찌 간장 20g
차슈를 삶은 물(P.59) 300g
쇼지 사다오식 차슈 <개정판> 원하는 만큼
고명 취향껏(다진 생양파를 올리는 것을 추천한다)

① 중화면을 삶는다. 그사이에 차슈를 재워 두었던 간장과 고이구찌 간장을 그릇에 담고 차슈를 삶은 물을 데워서 부어 놓는다.
② 다 삶아진 면을 그릇에 담고 얇게 썬 차슈와 고명을 올린다.

차슈를 재워 두었던 간장(왼쪽)과 삶은 물은 냉장고에 보관해 둔다.

응용② 장아찌를 넣은 히야시츄카*

다양한 재료를 가늘게 채 썰어 만드는 히야시츄카는 의외로 손이 많이 가는 음식이다. 하지만 이번에 소개하는 히야시츄카 레시피는 냉장고에 있는 각종 채소를 적당히 썰어 장아찌 간장에 재우기만 하면 되는 간단한 방법이다. 장아찌 간장은 간장과 식초로만 만들지만, 여기에 각종 채소의 즙이 우러나 깊은 맛을 내게 된다. 물론 차슈와도 잘 어울리지만, 고기를 빼고 채소로만 만들면 건강한 샐러드처럼 즐길 수 있다.

* 일본식 중화냉면-역주

재료(1인분)
A 넣고 싶은 채소와 고명** 약 200g
  고이구찌 간장 30g
  쌀식초(또는 흑초) 30g
  참기름(또는 올리브유) 10g
중화면(또는 가느다란 스파게티면) 1인분
쇼지 사다오식 차슈 <개정판> 원하는 만큼
마요네즈, 겨자 원하는 만큼

** 토마토와 오이를 한입 크기로 썰고, 양파 슬라이스를 비롯한 각종 채소와 고명을 총 200g 정도 준비한다. 무, 셀러리, 양배추 등 장아찌에 어울리는 채소라면 뭐든지 괜찮다. 고명으로는 파, 푸른 차조기 잎, 양하, 고수 등이 어울린다.

① A를 섞어 채소의 숨이 죽을 때까지 최소 10분, 가능하면 30분간 냉장고에 넣어 둔다.
② 면을 조금 푹 삶아서 흐르는 물에 헹군 다음 물기를 뺀다.
③ 접시에 면을 담고 ❶의 채소를 장아찌 간장과 함께 붓는다. 여기에 가늘게 썬 차슈를 올린 다음, 마요네즈나 겨자를 곁들인다.

장아찌는 1~2일 정도 더 두면 간장 물이 더 진하게 배어 맛있다.

필요충분 탕면

닭고기 버섯 소바

간 고기를 넣은 매콤한 타이완 라멘

한계 라멘

미니멀 라멘 (일본식 라면)

인스턴트 라면이 간편하고 맛있는 것은 사실이지만, 간식이 아니라 밥 대신 먹을 때는 기왕이면 다른 재료를 좀 더 넣고 싶어진다. 그리고 사실 다른 재료를 더 첨가할 거라면 굳이 라면수프에 의존하지 않고도 얼마든지 라면을 맛있게 끓일 수 있다. 라면에 첨가하는 고기나 채소에서 감칠맛이 우러나 맹물을 수프로 바꿔 주기 때문이다.

이번에 소개할 라멘은 모두 물을 끓여 만드는 인스턴트 라면과 거의 비슷한 시간에 뚝딱 만들 수 있는 것들이다. 들어가는 재료와 조미료의 비율이 맛을 결정하지만, 마지막에는 건더기라고 할 만한 재료가 일절 들어가지 않는 '한계 라멘'도 소개한다. 인스턴트 라면만 먹지 말고, 평소에 중화면을 사 두었다가 생각날 때 언제든지 집에 있는 재료로 라멘을 뚝딱 만들어 먹는 생활을 해 보면 생각보다 괜찮게 느껴질 것이다.

필요충분 탕면

'필요충분 나베 수프'에 채소를 듬뿍 넣어 만드는 조금 매콤한 탕면이다. 이 요리는 저자의 고향인 가고시마 지역의 짬뽕을 참고해 만들었다.

재료(1인분)
돼지고기(잡육) 50g
좋아하는 채소* 총 100~150g
필요충분 나베 수프(P.52) 300g
중화면 1덩이

* 이 책에서는 숙주, 양배추, 파, 피망, 당근, 소송채를 사용했다.

① 돼지고기와 채소를 소량의 샐러드유(분량 외)에 살짝 볶는다.
② ❶에 필요충분 나베 수프를 부어 끓인다.
③ 국물이 끓는 동안, 중화면을 삶는다. 면이 다 익으면 건져서 ❷와 함께 접시에 담는다.

볶은 채소와 돼지고기가 수프에 향긋하고 진한 감칠맛을 더한다.

닭고기 버섯 소바

닭고기는 요리에 많이 쓰이는 재료로, 살짝 끓이기만 해도 국물에 감칠맛이 진하게 밴다. 버섯도 감칠맛을 많이 내는 재료 중 하나다. 즉, 이 레시피는 '다른 조미료를 일절 사용하지 않고 오직 닭고기와 버섯으로 국물을 낸 라멘'이다. 고급 중식 코스에서 마지막 요리로 나올 법한 고급스러운 맛을 여러분도 경험해 보기 바란다.

재료(1인분)
A 닭다리살(1cm 너비로 자른 것)   100g
　좋아하는 버섯   50g
　생강(슬라이스)   1장
　물   300g
　우스구찌 간장(히가시마루)   20g
중화면(또는 소면)   1인분
파(대각선으로 얇게 썬 것)   적당량
파드득나물   적당량

① 냄비에 A의 재료를 넣어 불에 올린 다음, 한번 끓어오르면 중불에서 약 10분간 더 끓인다.
② 그사이에 면을 삶아 둔다.
③ ❶에 파를 넣고 바로 불을 끈 다음, 물기를 뺀 면과 함께 접시에 담는다. 파드득나물을 고명으로 올린다.

간 고기를 넣은 매콤한 타이완 라멘

나고야의 명물인 '타이완 라멘'을 좀 더 간편하게 만들 수 있게 레시피에 변화를 주었다. 보이는 것처럼 강렬한 맛이 나지만, 뒷맛이 의외로 깔끔하고 고급스러운 이유는 돼지고기 육수에 간장을 넣어 만든 '칭탕(맑은 국)'으로 국물을 만들기 때문이다.

재료(1인분)
A 샐러드유   10g
　간 돼지고기   100g
　마늘(굵게 다진 것)   10g
　두반장   10g
물   300g
고이구찌 간장   20g
중화면   1인분
쪽파(송송 썬 것)   적당량
참깨   적당량

① 깊은 프라이팬에 A를 계량해 넣어 불에 올린 다음, 고기가 노릇노릇하게 구워져 향이 날 때까지 볶는다.
② 물과 고이구찌 간장을 넣고 한 번 끓인다.
③ 중화면을 삶아 물기를 뺀 다음, ❷와 함께 그릇에 담는다. 그 위에 쪽파와 참깨를 듬뿍 뿌린다(쪽파 대신 부추를 넣어도 된다).

번외 한계 라멘

'라멘이라 부를 수 있으려면 최소한 어느 정도는 되어야 할까?'라는 의문을 마치 과학 실험 같은 느낌으로 즐겨 보자. 만들어 보면 이 정도의 재료만으로도 인스턴트 라면을 뛰어넘는 고급스러운 맛을 즐길 수 있다는 사실에 놀랄 것이다! 게다가 여기에 회과육이나 마파두부(P.16), 토마토 달걀 볶음(P.38), 고기 채소볶음 등 자신이 좋아하는 중국 음식을 듬뿍 올리기만 해도 매우 만족스럽고 훌륭한 면 요리로 변신한다. 토핑을 올릴 생각이라면 레시피에 적힌 간장의 양을 절반~3분의 2 정도로 줄이자.

재료(1인분)

A 물 300g
　고이구찌 간장 30g
　아지노모토 1꼬집(약 0.3g)
중화면 1덩이
참기름 2g
파(송송 썬 것) 5g

① A의 재료를 냄비에 넣고 끓여 수프를 만든다. 동시에 중화면을 삶는다.
② 그릇에 수프와 물기를 제거한 면을 넣고 참기름을 뿌린 다음, 파를 얹는다.

미니멀 사오마이*

간은 소금과 간장으로만 한다. 설탕이나 굴소스 등을 넣지 않고, 돼지고기 본연의 감칠맛을 잘 살린 사오마이다.

소에는 간 돼지고기와 삼겹살을 섞은 고기를 사용해 촉촉한 식감과 고기의 고소한 풍미가 느껴지게 한다. 재료를 섞을 때 너무 오래 치대지 않아야 촉촉하고 부드러운 소가 완성되는데, 반대로 반죽을 충분히 하면 그만큼 탄력이 생기므로 본인의 입맛에 맞게 적절히 반죽하자.
이번에 소개하는 레시피에서는 소에 양파를 넉넉히 넣어 양파의 단맛과 부드러우면서도 아삭한 식감을 즐길 수 있게 했다.

'미니멀 사오마이 기본형'은 만두피에 소를 올리고 그냥 손으로 살짝 감싸 쥐기만 하면 되므로 손쉽게 만들 수 있다! 또 사오마이를 만들다 보면 '소나 만두피 중 어느 한쪽이 남는 일'이 흔한데, 이때 남은 재료를 활용하는 방법도 함께 소개한다.

* 중국 딤섬의 일종으로, 만두피의 윗부분을 덮지 않아 소가 드러나는 특징이 있다.-역주

미니멀 사오마이 기본형 (P.68)

재료(약 14개 분량)

고기소

    A   간 돼지고기   150g

          삼겹살(슬라이스를 가로세로 1cm 크기로 자른 것)   100g

          간 생강   10g

          소금   3g

          고이구찌 간장   10g

          청주   20g

    양파(굵게 다진 것)   120g

    전분 가루   15g

사각 만두피   14장

소스(흑초, 초간장, 겨자 간장 등을 취향껏)   적당량

① A의 재료를 전부 볼에 넣고 섞는다.

[포인트] 삼겹살은 되도록 지방이 많은 부분을 사용한다.

② 양파에 전분 가루를 묻힌 다음, ❶과 골고루 섞는다.

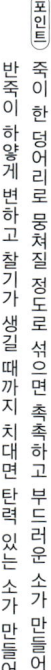

[포인트] 죽이 한 덩어리로 뭉쳐질 정도로 섞으면 촉촉하고 부드러운 소가 만들어지며, 반죽이 하얗게 변하고 찰기가 생길 때까지 치대면 탄력 있는 소가 만들어진다.

③ 손바닥 위에 사각 만두피를 올리고, ❷의 고기소를 30g씩 올린다.

④ 그대로 손으로 쥐듯이 만두피로 소를 감싼다.

⑤ 만두피로 소를 완전히 감싼 상태. 위로 비어져 나온 소를 숟가락 뒷면으로 눌러 평평하게 다듬는다.

⑥ 10~15분간 찐다
(찌는 방법은 P.75를 참조).

⑦ 다 쪄진 사오마이를 접시에 옮겨 담고, 취향에 맞는 소스를 곁들인다.

응용 ①
재료 소진용 완탕

◎ 완탕 빚는 법

사각 만두피에 고기소 5~10g을 올리고,

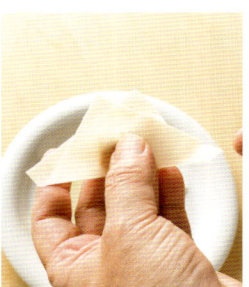

위아래 모서리 끝이 살짝 엇갈리게 삼각형 모양으로 싼다.

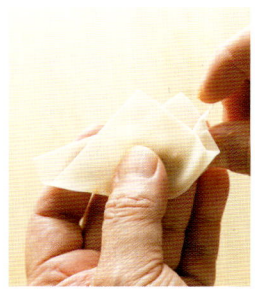

양쪽 끝을 안쪽으로 접어 넣어

완탕 모양을 만든다.

사오마이를 만들다 보면 꼭 만두피가 남는다. 남는 만두피는 냉동실에 보관했다가 나중에 쓸 수도 있지만, 양이 애매하게 남거나 준비한 재료를 모두 써 버리고 싶은 경우에는 사오마이를 만들다가 고기소와 만두피가 슬슬 떨어져 간다 싶을 때쯤 완탕으로 메뉴를 바꾸는 방법도 있다. 마지막에 고기소와 만두피를 하나도 남기지 않고 탈탈 털어 쓰고 나면 왠지 모를 뿌듯함이 느껴진다.

재료
고기소(P.70) 적당량
사각 만두피 적당량
소스(숫자는 비율)
  식초 10
  간장 10
  참기름 1

① 사각 만두피에 고기소를 올려 완탕을 빚는다(오른쪽 사진 참조).
② 펄펄 끓는 물에 1~2분간 삶는다.
③ 소스 재료를 섞는다.
④ 완탕을 접시에 담고, 소스를 끼얹는다. 대파의 흰 부분을 가늘게 채 썰어 올려도 된다.

응용 ②
초간단 완탕 수프

만두피가 남을 것 같지만, 완탕을 빚으려니 귀찮다면……. 그럴 때는 완탕을 빚을 생각을 하지 말고, 그냥 고기소와 만두피를 수프에 따로따로 넣어 버리자. 어차피 완탕 수프를 먹다 보면 만두피가 저절로 벗겨지지 않는가! 수프는 P.67에서 소개한 '한계 라멘'의 수프를 조금 희석해서 쓰면 좋다.

재료
한계 라멘 수프(P.67) 적당량
고기소(P.70) 적당량
사각 만두피 적당량

① 한계 라멘 수프를 끓인 다음, 고기소를 작은 숟가락으로 조금씩 떠서 넣는다(소량을 넣어도 된다. 고기가 뭉치지 않고 풀어져도 신경 쓰지 말자).
② 반으로 썰어 삼각형 모양을 만든 사각 만두피를 넣고 살짝 익힌다. 그 위에 파를 송송 썰어 올려도 된다.

응용 ③
피 없는 사오마이

이번에는 반대로 만두피는 다 써 버리고 고기소만 남았을 때 활용할 수 있는 레시피를 소개한다. 밀가루를 물에 풀어서 조금 걸쭉한 튀김 반죽처럼 만든 다음, 여기에 고기소를 살짝 담갔다 빼서 찌는 방법이다. 사오마이를 일일이 빚지 않아도 되어 편하기에 사오마이를 소량만 만들고 싶을 때도 이 방법을 사용하면 좋다. 쫀득한 튀김옷이 만두피와는 또 다른 맛을 낸다.

재료
고기소(P.70) 적당량
밀가루 적당량
물 밀가루 양의 1.3배

① 고기소를 30g씩 떼어 내어 완자처럼 둥글게 빚는다.
② 밀가루를 물에 푼 다음(걸쭉한 튀김 반죽 정도로), ❶에 입힌다.
③ 10~15분간 찐다.

튀김옷을 입히면 완자가 뭉개지지 않도록 곧바로 찐다.

응용 ④
향신 사오마이와 골베라 코 아차르*

네팔 만두라 불리는 '모모'에 들어가는 재료를 응용해서 만든 매콤한 사오마이와 거기에 잘 어울리는 네팔식 토마토소스를 곁들여 보았다. 이 소스는 토마토만 준비하면 향신 사오마이에 사용하고 남은 재료로 5분 만에 뚝딱 만들 수 있다. 혹시 호로파 가루와 화자오(초피) 가루가 있다면 1g씩 추가하자. 그렇게만 해도 훨씬 본고장에 가까운 맛을 낼 수 있다.

향신 사오마이

재료(미니멀 사오마이 기본형의 재료에 추가해서)
마늘(잘게 다진 것) 10g
커민 가루 2g
카이엔 페퍼 또는 고춧가루 2g
가람 마살라 1g
고수(다진 것) 5g

① '미니멀 사오마이 기본형'의 고기소에 위의 재료들을 첨가한다. 이를 제외하고는 모두 같은 방법으로 만든다.

골베라 코 아차르

재료
샐러드유 20g
간 마늘(또는 잘게 다진 것) 4g
간 생강 4g
토마토(작게 깍둑썰기 한 것) 160g
소금 4g
커민 가루 2g
카이엔 페퍼 또는 고춧가루 2g

① 재료를 전부 프라이팬에 넣고 섞어 불에 올린다.
② 토마토가 뭉개져서 페이스트 상태가 되고, 전체적으로 걸쭉해질 때까지 살짝 졸인다.

* Golveda ko Achar. 아차르는 절임 음식의 일종이며, 골베라는 네팔어로 토마토를 뜻한다.-역주

[칼럼]
찜 요리는 가벼운 마음으로 시도해 보자

찜 요리에 거부감을 느끼는 사람이 적지 않을 것이다. 찜 요리를 하려면 제대로 된 찜기가 있어야 한다고 착각하는 사람도 많지만, 요즘 시대에는 오히려 그런 찜기를 갖추고 있는 집이 드물다. 게다가 애초에 찜 요리를 할 때 반드시 찜기가 필요하지도 않다. 사실 가장 간편하게 쓰기 좋은 것은 전자레인지용 찜기다. 찜은 결국 수증기의 열을 이용해 재료를 골고루 가열하는 조리법이므로 전자레인지만큼 잘 어울리는 도구가 없다. 다만 전자레인지용 찜기는 한 번에 많은 양의 재료를 찔 수 없다는 단점이 있다. 그럴 때는 냄비를 이용하자. 넓고 뚜껑이 있는 냄비가 좋다. 아니면 조금 깊은 프라이팬을 써도 된다. 나는 바닥에 깐 물이 재료에 직접 닿지 않도록 구멍이 있는 조림 뚜껑과 작은 금속 접시를 함께 사용하고 있는데, 만약 조림 뚜껑이 없다면 냄비에 알루미늄 포일을 구겨서 깔고, 그 위에 접시를 올리기만 해도 된다.

찜기는 김이 많이 나도록 미리 물을 끓여 둔다.

찌는 동안 김이 계속 날 정도로 화력을 유지한다.

구멍이 뚫려 있는 조림 뚜껑을 사용하면 편리하다.

유리로 된 냄비 뚜껑을 사용하면 내용물이 잘 쪄지고 있는지 상태를 확인하기 더 편하다.

촉촉한 닭가슴살과 닭고기 수프

편의점에 가면 간이 되어 있는 삶은 닭가슴살을 흔히 볼 수 있는데, 사실 닭가슴살은 집에서도 쉽게 삶을 수 있다. 집에서 직접 삶으면 닭을 삶은 물을 버리지 않고 닭고기 수프로 활용할 수도 있어 훨씬 이득이다. 이번에는 닭가슴살을 부드럽고 촉촉하게 삶는 법인 '촉촉한 닭가슴살과 닭고기 수프 기본형' 외에도, 닭가슴살이 겉만 익고 속은 익지 않을 가능성을 현저히 낮추는 '적당히 촉촉한 닭가슴살과 더 맛있는 닭고기 수프' 레시피도 소개한다.

전자는 물을 끓여 닭가슴살을 넣고 그대로 두기만 하면 되는 방법으로, 촉촉하고 부드러운 닭가슴살과 맛있는 수프를 동시에 얻을 수 있다. 이번에는 닭가슴살을 사용했지만, 닭다리살도 같은 방법으로 만들 수 있다.

후자는 닭고기를 미리 찬물이 담긴 냄비에 넣고 함께 끓이는 방법으로, 물이 끓어오를 때까지 고기를 천천히 익히기 때문에 속까지 좀 더 확실하게 익힐 수 있다. 전자보다 닭고기 육즙이 좀 더 많이 빠져나가기는 하지만, 오히려 그만큼 닭고기 수프가 맛있어지므로 행복의 총량은 변함이 없다고 긍정적으로 생각하자. 이 방법도 닭가슴살과 닭다리살 모두 쓸 수 있지만, 부드러운 식감을 좋아한다면 다리살을 이용하자.

촉촉한 닭가슴살과 닭고기 수프 기본형 (P.76)

재료

닭가슴살(또는 닭다리살)   원하는 만큼

물   닭고기 중량의 200%*

소금   물 중량의 1%

대파 · 생강   약간

* 닭고기 1덩이의 무게가 250g이라면 필요한 물의 양은 500g이 된다.

[주의!]
다음의 조건을 충족시키지 못할 경우, 닭고기가 덜 익을 우려가 있다.
- 고기가 쏙 들어가는(고기가 물에 완전히 잠길 정도) 적당한 크기의 냄비일 것.
- 냄비와 뚜껑이 두꺼워서 쉽게 식지 않을 것.
- 인덕션이 아닌 가스레인지를 사용하는 편이 더 확실하다.

조건이 충족되지 않는 조리 환경이라면 다음과 같이 대처하자.
- P.79의 공정②의 가열 시간을 늘린다(③의 시간은 늘려도 무의미하다).
- P.79의 공정③을 인덕션의 보온 기능(또는 200w 정도)에서 진행한다.
- 이렇게 했는데도 잘랐을 때 속이 덜 익었다면 전자레인지에 넣어 좀 더 익힌다.

좀 더 확실하게 익히면서도 맛이 크게 떨어지지 않는 방법은 P.80을 참조.

① 닭고기를 제외한 다른 재료를 냄비에 넣고 끓인다.

② 닭고기를 넣어 30초~1분간 가열한다. 물이 다시 끓어오르면 뚜껑을 덮고 불을 끈다.

③ 그대로 30분간 둔다.

포인트 냄비는 가스레인지 위에 그대로 둔다. 닭고기가 잘 익도록 삼발이에 남아 있는 잔열까지도 이용한다.

④ 다 삶아진 모습. 닭고기를 건지고 큼직하게 썰어 접시에 담는다.

포인트 닭고기를 삶은 물은 한 번 더 끓이면서 거품을 걷어 낸 다음, 닭고기 수프로 사용한다.

적당히 촉촉한 닭가슴살과 더 맛있는 닭고기 수프

재료*

닭가슴살(또는 닭다리살) 원하는 만큼

물 닭고기 중량의 200%

소금 물 중량의 1%

대파·생강 약간

* 재료·분량은 모두 '촉촉한 닭가슴살과 닭고기 수프 기본형'과 같다.

① 모든 재료를 냄비에 넣는다.

② 뚜껑을 덮고 불에 올린다.

포인트 찬물에 미리 넣어 함께 끓이면 닭고기가 서서히 속까지 익는다.

③ 물이 끓어오르면 바로 불을 끈다. 뚜껑을 덮은 채 30분간 그대로 둔다.

포인트 냄비는 가스레인지에 그대로 둔다. 삼발이에 남은 잔열까지도 열을 전달하는 데에 이용한다.

④ 완성. 닭고기를 썰어서 접시에 담는다.

포인트 감칠맛이 많이 우러난 물은 거품을 걷어 내고, 더 맛있는 '닭고기 수프'로 제공한다.

응용 ①
마늘 흑초 소스를 뿌린 촉촉한 닭가슴살 냉채

응용 ②
촙 샐러드

대만의 레스토랑에 근무했을 당시, 직원들의 식사로 많이 나왔던 음식이다. 큰 냄비에 닭가슴살과 닭다리살을 함께 넣어 조리해 담으면 먹을 때 훨씬 즐겁다. 소스에 고춧가루와 고추를 취향껏 첨가해도 된다.

재료
촉촉한 닭가슴살   1덩이 분량
마늘 흑초 소스
   고이구찌 간장   30g
   흑초   30g
   마늘   1쪽

① 마늘 흑초 소스의 재료인 고이구찌 간장과 흑초를 섞은 다음, 재빠르게 마늘을 다져 섞는다(마늘이 공기와 접촉하는 시간을 최소화해서 산화로 인한 냄새를 억제한다).
② 촉촉한 닭가슴살을 먹기 좋은 크기로 썬 다음, ❶을 뿌린다.

숟가락으로 떠먹을 수 있어 다이어트에 최적화된 건강한 샐러드다. 드레싱은 심플하게 하는 대신 과일 그래놀라로 씹는 맛과 단맛을 더했다. 채소는 집에 있는 것을 아무거나 넣어도 되며, 치즈나 견과류, 허브 등을 취향껏 첨가해 더 세련되고 맛있는 샐러드를 만든다(사진 속 샐러드는 요거트를 토핑으로 올렸다).

재료
드레싱
   쌀식초   5g
   소금   1g
   올리브유   15g
촉촉한 닭가슴살(깍둑썰기 한 것)   100g
오이(깍둑썰기 한 것)   80g
토마토(깍둑썰기 한 것)   80g
과일 그래놀라   적당량

① 드레싱 재료를 볼에 넣고 섞는다.
② 그 밖의 재료를 전부 ❶에 넣고 버무려 그릇에 담은 뒤, 원하는 토핑을 올린다.

응용 ③ 카오만까이

카오만까이는 닭기름을 첨가해 지은 밥에 닭고기를 곁들여 내는 태국 음식이다. 사실 이번에 소개한 '끓인 물에 남아 있는 열기로 닭고기를 조리하는' 방식 자체가 원래 아시아권 일대에서 널리 쓰이던 것으로, 카오만까이도 그 가운데 하나다. 스위트 칠리소스 등 좋아하는 소스를 곁들여 먹어 보자. P.82의 '마늘 흑초 소스', P.74의 '골베라 코 아차르', P.121의 '폴리네시안 소스' 등 이 책에서 소개하는 다양한 종류의 소스와도 잘 어울린다. 다양한 소스를 준비해 함께 즐겨 보자.

재료

무세미 적당량

닭고기 수프* 적당량

촉촉한 닭가슴살 적당량

생채소(오이, 토마토, 고수 등) 적당량

좋아하는 소스 적당량

* 닭고기 수프를 보통 밥을 지을 때 넣는 물의 양보다 살짝 적게 넣으면 고슬고슬하고 맛있는 밥이 지어진다. 보통 초밥용 밥을 지을 때와 비슷한 양을 넣는다(쌀 300g당 수프 350g 정도). 재스민쌀을 사용할 시 재스민쌀 중량의 1.8배에 해당하는 수프를 넣어 밥을 짓는다.

① 전기밥솥에 무세미와 닭고기 수프를 넣어 밥을 짓는다.
② ❶과 먹기 좋은 크기로 썬 촉촉한 닭가슴살, 그리고 생채소를 접시에 담는다. 따뜻하게 데운 닭고기 수프와 원하는 소스를 곁들인다.

30분 치킨

대표적인 프랑스 가정식 요리다. 프랑스의 '푸알레'라는 전통 조리법을 모방해, 달구지 않은 차가운 프라이팬에 닭고기를 한쪽 면이 닿게 놓은 상태에서 약불에 오래 굽는다.
처음에는 고기를 뒤집지 않고 그대로 1시간 동안 구워 봤지만, 시간이 너무 오래 걸리는지라 한쪽 면을 30분간 굽고 뒤집어서 다시 10분간 구워 보니 딱 알맞게 구워졌다.

그래도 굽는 데에 30분 이상 걸리기는 하지만, 거의 손을 대지 않고 불에 올려 두기만 해도 겉은 바삭하고 속은 촉촉한 식감을 얻을 수 있다. 효율성이 요구되는 레스토랑에서는 채택하기 힘든 방식이므로 오히려 가정식에 잘 어울리는 조리법이라 할 수 있다.

닭다리살과 닭가슴살 모두 사용할 수 있지만, 다리살이 가슴살보다 두께도 얇고 조금 바싹 구워도 쉽게 퍽퍽해지지 않으므로 훨씬 더 맛있게 구울 수 있다.
시중에 판매되는 제품을 보면 두 부위 모두 껍질 부분이 말려 있거나 접혀 있거나 한데, 이 껍질을 잘 펴 주는 것이 중요하다. 그리고 반드시 달구지 않은 차가운 상태의 프라이팬에 넓게 편 껍질이 달라붙게 놓은 상태에서 구워야 한다. 껍질이 떠 버리면 바삭바삭하게 구워지지 않는다.

30분 치킨 기본형 (P.84)

재료

닭다리살   1덩이

소금   닭고기 중량의 0.8~1%

흑후추   닭고기 중량의 0.1~0.2%

※ 인덕션을 사용할 시 P.91을 참조.

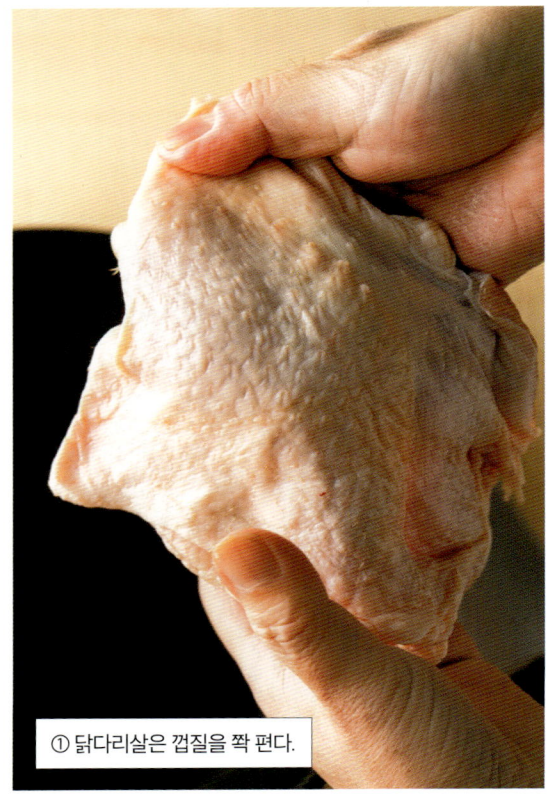

포인트 │ 살이 직접 프라이팬에 닿지 않게 껍질을 미리 잘 편다.

① 닭다리살은 껍질을 쫙 편다.

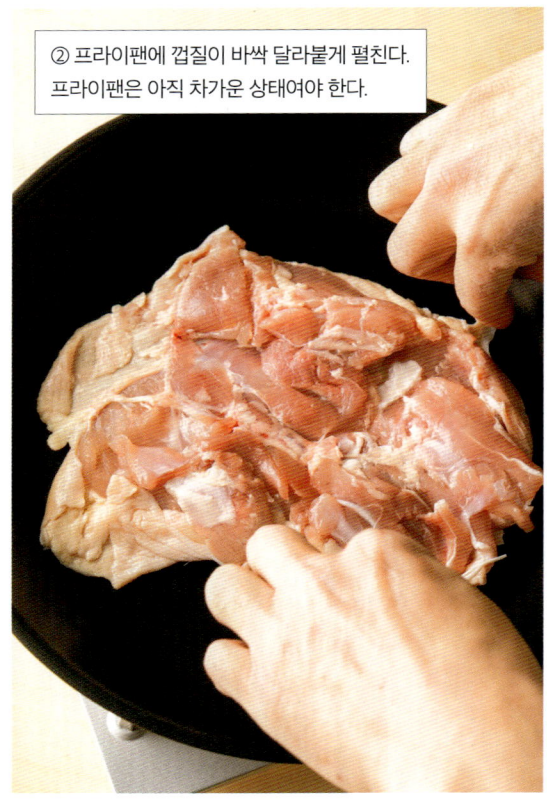

② 프라이팬에 껍질이 바싹 달라붙게 펼친다. 프라이팬은 아직 차가운 상태여야 한다.

포인트 │ 뚜껑을 덮지도 말아야 한다.

③ 소금과 흑후추를 뿌려 약불에 올린다. 5분 정도 지나면 지글지글 굽는 소리가 나기 시작하지만, 절대로 고기를 움직이면 안 된다.

④ 보통 15분 정도 지나면 껍질에서 기름이 나와 고소한 냄새가 나기 시작한다.

⑤ 25분 정도 지나면 기름이 거의 다 나와 고소한 냄새가 더욱 강해진다.

⑥ 30분 정도 지나면 고기 두께의 절반 정도가 하얗게 변한다. 고기의 표면을 만져 봤을 때, 사람의 피부와 비슷한 온도가 되면 고기를 뒤집는다.

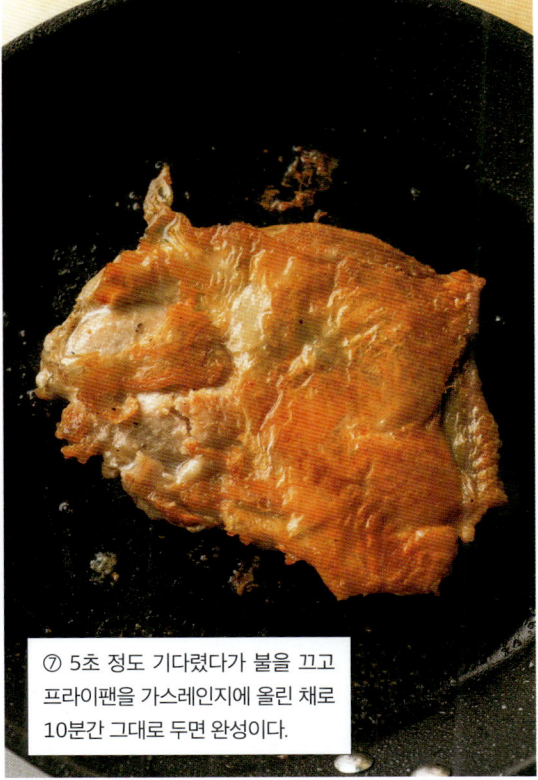

⑦ 5초 정도 기다렸다가 불을 끄고 프라이팬을 가스레인지에 올린 채로 10분간 그대로 두면 완성이다.

[포인트] 프라이팬을 가스레인지에 그대로 올려 두어서 프라이팬뿐만 아니라 삼발이에 남아 있는 열기까지 고기를 익히는 데에 사용한다.

응용 ①
허브나 마늘을 넣어 풍미를 더한다

응용 ②
가니쉬로 쓸 채소도 함께 굽는다

고기에서 빠져나온 기름에 마늘이나 허브가 완전히 잠기게 넣고, 그 향이 밴 기름으로 고기를 구우면 풍미가 한층 살아난다.

재료
(30분 치킨 기본형에 추가해서)
마늘 2쪽
허브(로즈메리, 타임 등) 적당량

① '30분 치킨 기본형'을 굽기 시작한 지 25분이 지났을 때쯤, 고기에서 빠져나온 기름에 마늘과 허브를 넣는다. 마늘과 허브가 기름에 완전히 잠기게 한다.
② 마늘이 노릇노릇하게 구워지면 허브와 함께 고기 위로 옮긴다. 고기를 뒤집을 때 마늘과 허브를 프라이팬에서 일단 건져 낸다.
③ 마지막에 마늘과 허브를 다시 팬에 넣고 살짝 데운 다음, 접시에 담은 고기 위에 올린다.

고기를 구우면서 프라이팬 한쪽에 가니쉬로 쓸 채소를 구우면 고기에서 나온 기름이 채소를 더 맛있게 한다. 이렇게 가니쉬를 함께 구울 때는 기름이 많이 나오는 닭다리살을 사용하는 것이 더 좋다.

재료
(30분 치킨 기본형에 추가해서)
채소(돼지호박, 가지, 꽈리고추 등) 적당량

① '30분 치킨 기본형'을 굽는 동안, 채소를 먹기 좋은 크기로 썰어 함께 굽는다.
② 채소가 다 구워지면 따로 건져 냈다가 고기와 함께 접시에 담는다.

마늘과 허브가 타지 않도록 중간에 고기 위에 올려 둔다.

채소의 종류에 따라 프라이팬에 올릴 타이밍을 적절히 조절한다.

응용 ③
고기를 구운 프라이팬에 그대로 소스를 만든다

닭고기를 구운 프라이팬에 남아 있는 맛있는 기름을 소스에 활용한다. 아래에 소개하는 두 가지 소스 외에도 P.118의 '생강구이 양념'이나 P.121의 '폴리네시안 소스' 등, 열이 남아 있는 프라이팬에 재료를 넣고 볶아 맛있는 소스를 만들 수 있다.

또 고기를 구운 프라이팬에 소스 대신 닭고기에 곁들일 라따뚜이를 만드는 방법도 있다. 가지, 돼지호박, 파프리카, 양파 등의 채소를 깍둑썰기 해서 프라이팬에 넣어 가볍게 볶은 후, 소금과 좋아하는 식초를 조금씩 뿌린 다음, 뚜껑을 덮어 익힌다. 이 방법은 응용①처럼 닭고기에 마늘과 허브를 넣어 함께 구웠을 때 이용하면 특히 좋다.

발사믹 버터 소스

재료
(30분 치킨 기본형에 추가해서)
발사믹 식초 50g
설탕 10g
버터 15g

① '30분 치킨 기본형'을 프라이팬에서 건진 다음, 남아 있는 기름을 닦아낸다. 이때 고기에서 나온 육즙은 닦지 않도록 주의하자.
② 발사믹 식초를 넣고 조금 약한 중불에 올린 다음, 끓어오르면 설탕을 넣는다. 설탕이 타지 않도록 주걱으로 프라이팬 바닥을 긁듯이 저어 가며 소스를 졸인다.
③ 소스가 걸쭉해지면 불을 끄고 잠시 쉬었다가 버터를 넣어 녹이면서 섞는다(잠시 쉰다는 것은 불을 끈 다음, 냉장고에서 버터를 꺼내 잘라 계량해 넣는 정도의 시간을 말한다. 소스가 부글부글 끓고 있을 때 버터를 넣으면 버터가 분리되기 쉽다).

토마토소스

재료
(30분 치킨 기본형에 추가해서)
토마토(깍둑썰기 한 것) 160g
마늘(잘게 썬 것) 5g

① '30분 치킨 기본형'을 프라이팬에서 건진 다음, 마늘을 계량해서 넣고 조금 약한 중불에 올린다. 여기에 토마토를 추가한다.
② 토마토가 흐물흐물해질 때까지 푹 끓인다.

응용 ④
닭가슴살로 만들기

닭가슴살을 사용할 때도 굽는 방법은 닭다리살을 쓸 때와 기본적으로 같다. 달구지 않은 차가운 프라이팬에 닭가슴살을 놓고 불에 올려 30분간 구운 다음, 뒤집어서 다시 10분 구우면 완성이다.

닭가슴살이 퍽퍽해지지 않게 하려면 300g 정도의 고기를 사용하는 것이 좋다. 닭가슴살치고는 작은 편이지만, 고기의 두께가 비교적 일정하므로 고르게 익힐 수 있어 실패할 일이 적다.

재료
닭가슴살 1덩이(300g 정도인 것)
소금   고기 중량의 0.8~1%
흑후추   고기 중량의 0.1~0.2%

① 닭가슴살은 껍질을 쫙 펴서 차가운 프라이팬에 껍질이 바싹 달라붙게 놓는다.
② 소금과 후추를 뿌려 약불에 올린다. 한쪽 면이 다 구워질 때까지 절대로 고기를 건드려서는 안 된다. 뚜껑도 덮지 말아야 한다.
③ 30분 정도 지나면 고기 두께의 절반 정도가 하얗게 변한다. 고기 표면을 만졌을 때, 사람의 피부와 비슷한 온도가 되면 고기를 뒤집는다.
④ 5초 정도 지나면 불을 끄고, 프라이팬을 가스레인지에 그대로 올린 채로 10분간 두면 완성이다.

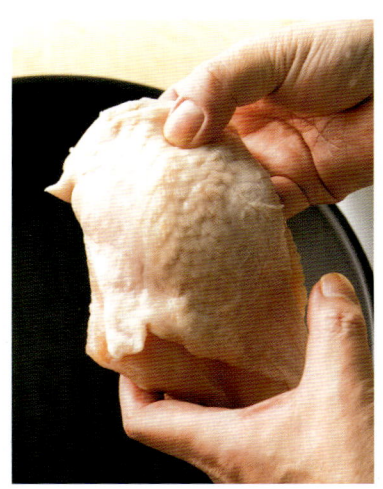
300g 정도 나가는 조금 작은 닭가슴살을 사용한다.

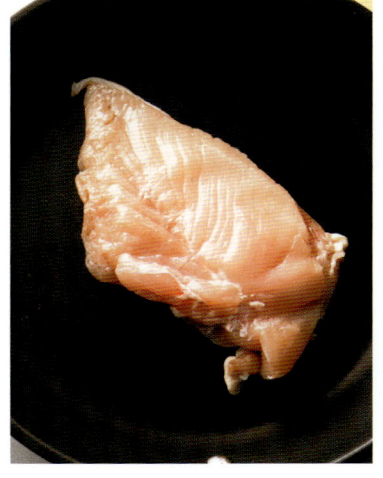
껍질을 쫙 펴서 차가운 프라이팬에 바싹 붙인다.

고기를 뒤집고 나면 불을 끄고, 그 상태로 10분간 둔다.

번외 ① 간을 고르게 하려면

- 고기 중량에 맞게 계량한 소금과 흑후추를 미리 섞어 놓는다.
- 이렇게 미리 섞어서 뿌리면 소금과 후추가 골고루 뿌려지고 있는지 눈으로 쉽게 확인할 수 있어 고기에 간을 고르게 할 수 있다.

눈에 잘 띄는 흑후추가 고기에 골고루 뿌려지고 있는 것이 보이면 소금도 이와 비슷하게 뿌려지고 있다고 생각할 수 있다.

번외 ② 인덕션을 사용한다면

- 인덕션으로 조리할 경우, 제일 약한 불은 고기를 굽기에 너무 약하므로 출력 3(500~600W)에서 굽는다. 단, 제품의 종류에 따라 출력량이 다를 수 있으므로 직접 해 보면서 불을 조절하자.
- 30분 정도 구웠을 때 불을 완전히 끄지 말고 출력 1이나 보온 기능 상태에서 10분간 그대로 둔다.

인덕션은 가스레인지처럼 삼발이에 남은 잔열을 이용할 수 없기에 보온 기능 등을 활용한다.

번외 ③ 손끝으로 온도를 확인하려면

- 고기는 두께가 얇은 쪽부터 익기 시작한다. 온도를 확인할 때는 고기에서 가장 두꺼운 부분을 만져 본다. 만졌을 때 아직 차갑다면 좀 더 가열해야 한다.
- 고기에서 사람의 피부처럼 살짝 온기가 느껴지기 시작하면 고기를 뒤집는다.
- 이때 고기의 표면 온도는 대략 40℃ 정도다. 프라이팬에 접해 있는 면은 100℃ 정도로 추정되므로 고기의 중심 온도는 그 중간쯤인 70℃ 정도이지 않을까 싶다.

손끝으로 온도를 확인할 때는 가장 두꺼운 부분을 만져 본다.

번외 ④ 만약 속이 덜 익었다면

- 고기가 잘 익었는지는 고기를 썰어 봐야 정확히 알 수 있다.
- 아직 덜 익은 부분이 있다면 고기를 1.5cm 두께로 썰어 프라이팬에 단면을 살짝 굽는다.
- 아니면 전자레인지에 살짝 돌려도 된다.
- 두 방법 모두 겉은 바삭하고 속은 촉촉한 원래의 식감을 유지하지는 못하지만, 식감보다 안전이 우선이다!

이 정도면 아직 덜 익은 것이다. 단면을 살짝 굽는다.

채소를 이용한 미니멀 간단 요리

무, 오이, 양파, 양배추 등 냉장고에 어중간하게 남기 쉬운 채소로 간단한 요리를 만들어 보면 어떨까. 밥반찬이나 술안주로 정말 좋다. 이런 간단한 요리가 하나만 늘어나도 식탁이 더욱 풍성해진다!

◎ **식초에 대해**

이런 요리(P.92의 '어른을 위한 오이 절임', P.93의 '양파 초간장 절임', P.61의 '장아찌를 넣은 히야시츄카' 등)에서는 식초의 맛 자체가 매우 중요하다. 곡물 식초보다 조금 비싸더라도 반드시 쌀식초를 사용하자. 풍미가 조금 독특하기는 하나 사쓰마 흑초를 사용하면 더욱 좋다(물론 매우 비싸지만……). 저렴한 중국 흑초도 독특한 풍미를 내지만, 너무 개성이 강하므로 쌀식초와 1:3의 비율로 섞어서 쓰길 추천한다.

무청 볶음찜

무청이 달린 무를 샀다면 무청을 버리지 말고 이렇게 요리해 보자. 무청의 양이 어중간할 때는 무의 딱딱하고 푸른 윗부분을 함께 잘라 넣어도 된다.

재료(숫자는 중량 대비 비율[%])

무청(+무의 윗부분) 100
참기름 5

A 물 50
고이구찌 간장 10
미림 10
가다랑어포 1

① 잘게 썬 무청과 무 윗부분을 참기름에 살짝 볶은 다음 A를 넣고 뚜껑을 덮어 무가 부드러워질 때까지 끓인다.
② 다 익었으면 뚜껑을 열고 가다랑어포를 넣어 섞으면서 물기가 없어질 때까지 볶는다(첨가된 수분이 모두 증발할 때까지).

어른을 위한 오이 절임

중독성이 강한 상큼한 오이 절임이다.

재료(숫자는 중량 대비 비율[%])

오이(둥글게 썬 것) 100
생강(채 썬 것) 10
고이구찌 간장 25
쌀식초 25
미림 25

① 재료를 전부 섞은 다음, 1시간 이상 절인다.

생강 양배추

도쿄의 동네 식당에 나올 법한 즉석 절임이다. 생강의 풍미가 양배추의 비린내를 잡아 주어 의외로 고급스러운 맛을 낸다. 여기에 아지노모토 몇 알과 고이구찌 간장 몇 방울만 떨어뜨려 주면 좀 더 '식당과 같은 맛'을 느낄 수 있다.

재료(숫자는 중량 대비 비율[%])
양배추(한입 크기로 썬 것)   100
생강(슬라이스)   5
소금   3

① 재료를 전부 섞은 다음, 양배추가 살짝 숨이 죽을 때까지 그대로 둔다.

무 폰즈 절임

염분을 줄인 상큼한 절임이라 밥반찬보다는 술안주나 간단한 요리로 잘 어울린다. 아삭아삭한 식감에 자꾸만 손이 가게 된다. 겨자소스나 프렌치 머스터드를 곁들이면 더 좋다.

재료(숫자는 중량 대비 비율[%])
무(부채꼴로 썬 것)   100
폰즈   30

① 무를 폰즈(P.123의 '수제 폰즈'를 사용하면 더 좋다)에 1시간 이상 절인다.

양파 초간장 절임

양파 자체의 단맛 때문에 락교와 비슷한 느낌이 난다. 카레에 반찬으로 곁들여 먹기도 좋다. 절임물은 고기 요리에 소스로 활용할 수도 있으며, 닭튀김에 뿌리면 유린기 같은 느낌이 나기도 한다.

재료(숫자는 중량 대비 비율[%])
양파(작게 썬 것)   100
고이구찌 간장   50
쌀식초   50

① 재료를 전부 섞은 다음, 그대로 1시간 이상 둔다.

한 가지 재료만 넣은 스파게티

소바나 우동을 먹을 때, 과한 양념이나 소스보다 면 자체의 맛을 중시하는 사람은 스파게티도 당연히 그런 심플한 스타일을 원할 것이다. 그런 사람을 위해 내가 평소에 자주 해 먹는 스파게티를 소개한다. 들어가는 재료는 단 한 가지. 간도 최대한 심플하게 한다.

물론 파스타*는 각종 재료와 정성껏 개발한 소스의 다양한 조합을 즐길 수 있는 요리지만, 그런 파스타는 요리사의 손에 맡기고 집에서는 심플한 파스타를 먹어 보는 건 어떨까.

여기에 소개하는 스파게티들이 너무 심플하다 보니 만들기 전에는 '과연 이것만으로 맛이 날까?' 의심스럽겠지만, 괜찮으니 안심해도 된다.

게다가 이처럼 '한 가지 재료만 넣은 스파게티'는 워낙 심플하기 때문에 오히려 다른 재료를 자유롭게 첨가할 수 있다. 무엇을 더 첨가하든 맛있어진다. 다만, 첨가하는 방법이 어려울 수는 있다. 애초에 간단한 재료만으로도 순도가 높은 맛을 내고자 한 요리이므로 무언가를 첨가할 때도 마찬가지로 뛰어난 맛이 요구되기 때문이다. 이 책에서는 이처럼 스파게티에 첨가할 재료를 선별하는 비법도 함께 소개할 예정이다.

* 파스타는 페투치니, 라자냐, 스파게티 등 밀가루로 만든 모든 면 요리를 통칭하는 말이다. 스파게티는 그중 면이 길고 가는 파스타를 뜻한다.-역주

피망만 넣은 스파게티

《반찬 스타일의 외국 요리(おそうざいふう外国料理)》에서 흑백 페이지의 한쪽 구석에 단 두 줄의 문장으로 소개된 '피망 스파게티'가 원전이다. 달콤쌉싸름한 피망이 맛에 포인트를 주면서 마치 향긋한 허브 같은 역할을 한다.

재료(1인분)
스파게티　100g
버터　15g
피망(세로로 반을 잘라 1cm 너비로 썬 것)　1개 분량

① 프라이팬에 버터를 계량해 넣고 불에 올려 녹인다. 피망을 넣고 충분히 익을 때까지 볶는다.
② 스파게티면을 삶은 다음, 약간의 면수와 함께 ❶에 넣어 버무린다.

◎ 굳이 다른 재료를 첨가하고 싶다면

흔히 파마산 치즈라고 하는 파르미지아노 레지아노 치즈를 갈아서 살짝 뿌리자. 같은 고추속에 속하는 타바스코와도 의외로 잘 어울린다. 타바스코를 넣으면 살짝 크리올 요리 같은 느낌이 난다.

피망은 아삭아삭한 식감을 살리기보다는 오히려 푹 익히는 편이 좋다.
면과 잘 어우러질 뿐만 아니라 피망이 지닌 본연의 맛이 더 살아난다.

시금치만 넣은 스파게티

한 가지 재료만을 넣어 스파게티를 만들 때는 올리브유보다는 버터를 넣어 풍미를 끌어올리는 것이 좋은데, 그러한 버터와 잘 어울리는 재료 중 하나가 바로 시금치다. 버무리기 전에 버터를 충분히 가열해 향을 최대한 끌어내는 것이 맛있게 만드는 비결이다.

재료(1인분)
스파게티 100g
버터 15g
시금치(큼직하게 썬 것) 100g

① 프라이팬에 버터를 계량해서 넣고 불에 올린다. 거품이 살짝 나면서 향이 올라올 때까지 가열한다.
② 스파게티를 삶다가 면이 다 익기 2분 전에 시금치를 넣는다.
③ 데친 스파게티와 시금치를 동시에 건져 물기를 뺀 다음, ❶의 프라이팬에 넣고 살짝 볶듯이 버무린다.

◎ 굳이 다른 재료를 첨가하고 싶다면

버터를 가열할 때 맛있는 베이컨이나 판체타*를 얇게 썰어 넣어 주자. 물론 치즈를 넣어도 된다.

* 삼겹살을 염지해서 만든 이탈리아의 살라미-역주

시금치는 떫은맛을 제거해 주는 것이 좋다. 뜨거운 물에 살짝 데쳐 떫은맛을 적당히 제거한다.

셀러리만 넣은 스파게티

피망 스파게티처럼 셀러리의 알싸한 맛과 향이 면의 맛을 한층 더 끌어올린다. 셀러리를 사면 남길 때가 많은 셀러리의 잎과 가는 줄기 부분을 유용하게 활용할 수 있다.

재료(1인분)
스파게티 100g
셀러리(얇게 썬 것)* 30~80g
소금 약간
버터 15g

* 줄기보다 잎이 너무 많을 때는 잎의 비율을 조금 줄인다.

① 셀러리에는 소금을 살짝 뿌려 둔다.
② 프라이팬에 버터를 계량해서 넣고, ❶을 넣어 숨이 죽을 때까지 볶는다.
③ 스파게티를 삶은 다음, 약간의 면수와 함께 ❷에 넣고 버무린다.

◎ 굳이 다른 재료를 첨가하고 싶다면

잔멸치나 가다랑어포를 첨가하면 맛에 포인트를 주어 좀 더 먹기 쉬워진다. 이때 다카노쓰메 고추를 넣어도 잘 어울린다.

볶은 셀러리(오른쪽 사진)는 스파게티와 버무리지 않고 이대로 먹어도 좋은 술안주가 된다.

양파만 넣은 스파게티

물을 끓여 스파게티를 삶는 동안, 양파에 버터를 넣고 푹 끓여 이것을 그대로 소스로 활용한다. 양파의 부드러운 단맛을 마지막에 뿌리는 흑후추가 잡아 준다.

재료(1인분)
스파게티   100g
양파(슬라이스)   120g
소금   1g
버터   15g
흑후추   1g

① 스파게티를 삶을 물을 끓이기 시작한다.
② 양파에 소금을 뿌려 둔다.
③ 프라이팬에 버터를 계량해 넣고 ❷의 양파를 살짝 볶는다. 소량의 물(분량 외)을 넣고 뚜껑을 덮은 다음, 약불에서 찌듯이 끓인다.
④ 양파를 끓이는 동안, 스파게티를 삶는다. 스파게티가 다 익으면 소량의 면수와 함께 ❸에 넣고 후추를 뿌려 버무린다.

◎ **굳이 다른 재료를 첨가하고 싶다면**

베이컨, 치즈, 마늘 등 뭐든지 잘 어울린다. 너무 잘 어울려서 당연히 넣어야 할 재료가 되어 버릴 수도 있다. 양파를 찌듯이 끓일 때, 월계수잎이나 타임 같은 허브 또는 화이트 와인이나 화이트 와인 비네거를 살짝 넣으면 세련된 맛을 느낄 수 있다.

양파가 타지 않도록 살짝 찌듯이 끓여야 하지만, 사실 양파가 조금 타도 그 나름대로 진한 맛을 낸다.

양송이버섯만 넣은 스파게티

감칠맛이 풍부한 양송이버섯은 한 가지 재료만을 넣어 스파게티를 만들 때 특히 잘 어울리는 재료다. 평소 다른 요리에서는 조연 역할을 하기 쉬운 양송이버섯의 맛을 단독으로 느낄 수 있는 레시피다.

재료(1인분)
스파게티 100g
양송이버섯(슬라이스) 60~100g
소금 약간
버터 15g

① 양송이버섯에 소금을 뿌려 둔다.
② 프라이팬에 버터를 계량해서 넣고, ❶의 양송이버섯을 살짝 볶는다. 뚜껑을 덮어 살짝 찌듯이 끓인다.
③ 스파게티를 삶아 소량의 면수와 함께 ❷에 넣고 버무린다.

양송이버섯에서 맛있는 육즙이 빠져나오도록 잘 익힌다.

◎ 굳이 다른 재료를 첨가하고 싶다면

양송이버섯을 볶을 때 다진 마늘과 흑후추를 조금 넣어도 맛있다. 햄이나 소시지, 다진 파슬리 등을 넣어도 잘 어울린다.

무늬만 명란 스파게티

일본에서 탄생한 걸작 '명란 스파게티'에서 김은 정말 중요한 역할을 담당한다. 이번 레시피에서는 그런 김을 일부러 주인공으로 만들기 위해 명란은 잠시 쉬게 했다.

재료(1인분)
스파게티 100g
버터 15g
두반장 5g
잘게 썬 김 듬뿍

① 스파게티를 삶는다.
② 볼에 버터와 두반장을 계량해서 넣어 둔다.
③ 다 익은 스파게티를 소량의 면수와 함께 ❷에 넣고 버무린다. 접시에 담고 그 위에 잘게 썬 김을 듬뿍 올린다.

◎ 굳이 다른 재료를 첨가하고 싶다면

두반장의 양을 좀 더 늘리고 남플라(태국의 피시 소스)를 살짝 넣으면 진짜 명란 스파게티에 좀 더 가까운 맛이 난다. 이렇게 만들 때는 스파게티를 삶을 때 넣는 소금의 양을 3분의 2 정도까지 줄인다. 당연히 잔멸치도 잘 어울린다.

은은한 분홍색으로 물든 스파게티가 김의 맛뿐만 아니라 진한 색감까지 살려 준다.

이타미 주조식 알 부로*

일본의 영화감독이자 배우, 작가였던 이타미 주조가 쓴 《유럽 심심한 일기(ヨーロッパ退屈日記)》에 등장하는 스파게티로, 한 가지 재료만으로 만든 스파게티의 원조 격이다. 이것이 일본에 '알 덴테**' 시대를 열었다. 버터와 치즈는 취향껏 넣는다(물론 많이 넣을수록 당연히 더 맛있겠지만).

* al burro, 버터와 치즈를 버무려 만든 스파게티-역주
** al dente, 파스타를 씹었을 때 치아에 살짝 단단함이 느껴지는 식감-역주

재료(1인분)
스파게티 100g
버터 15~30g(양심껏)
품질이 좋은 치즈 가루 30~60g(양심껏)

① 스파게티를 삶는다.
② 볼에 버터를 계량해 넣는다.
③ 다 익은 스파게티를 소량의 면수와 함께 ❷에 넣는다. 뜨거운 면과 면수의 열로 버터를 녹이며 가볍게 버무린다.
④ 치즈 가루를 넣고 골고루 버무린다.

◎ 굳이 다른 재료를 첨가하고 싶다면

여기에는 다른 어떤 재료도 첨가하면 안 된다. 첨가하면 전혀 다른 요리가 되어 버린다.

원래는 치즈를 부드럽게 녹여야 한다. 하지만 일부러 군데군데 치즈가 뭉치게 만들면 죄책감이 들 정도로 맛있다……

응축 포모도로

일본산 토마토는 소스나 조림에 어울리지 않는다는 말도 있지만, 절대로 그렇지 않다. 푹 졸여서 수분을 날려 버리면 된다. 이러한 비법을 알고 나면 두 번 다시 통조림 제품을 쓰지 않을지도?

재료(1인분)
스파게티 100g
올리브유 15g
소금 1g 미만
토마토 200~300g

① 달구지 않은 차가운 프라이팬에 올리브유와 소금을 계량해서 넣고, 반으로 자른 토마토를 단면이 밑으로 가게 놓는다. 뚜껑을 덮어 중불에 올린다.
② 토마토가 조금 부드러워지면 젓가락으로 껍질을 벗겨 낸다.
③ 나무 주걱으로 토마토를 으깨면서 양이 절반 정도로 줄 때까지 졸인다.
④ 스파게티를 삶아 ❸에 넣고 버무린다.

◎ 굳이 다른 재료를 첨가하고 싶다면

공정①에 다진 마늘을 소량 첨가하면 좀 더 전형적인 토마토소스가 된다. 마지막에 생바질을 첨가해도 좋다. 하지만 다른 재료를 첨가하지 않고 레시피대로 꼭 한번 만들어 보길 바란다.

토마토 껍질은 완전히 벗기지 않아도 된다. 오히려 남은 껍질이 식감을 살린다.

◎ '굳이 다른 재료를 첨가하고 싶다면'에 대한 보충 설명

'한 가지 재료만 넣은 스파게티'는 재료를 최소화하여 최상의 맛을 끌어내는 것이 목적이므로, 오히려 다른 재료를 추가하면 원래 들어가는 재료에 미안한 짓을 하는 셈이다. 하지만 신선 식품이나 잔멸치, 남플라, 판체타, 타바스코, 참치 같은 재료는 첨가해도 절대 실패할 일이 없다. 주의해야 하는 것은 치즈, 베이컨, 햄, 소시지 같은 재료들이다.

치즈 가루

파르미지아노 레지아노 같은 경성 치즈는 그 자리에서 갈아 넣는 것이 제일 좋겠지만, '생 파마산'이라는 명칭으로 판매되는 슈레드 치즈로도 충분히 대체할 수 있다. 하지만 건조된 상태로 판매되는 소위 '치즈 가루'는 피하도록 하자. 집에 그것밖에 없다면 오히려 쓰지 않는 편이 낫다. 그런 제품은 나폴리탄 스파게티 등을 만들 때 사용하자.

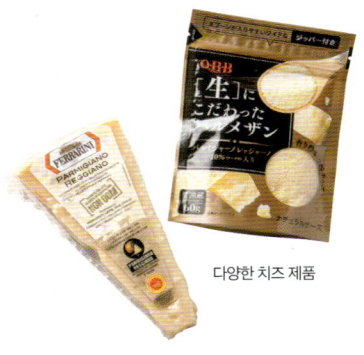

다양한 치즈 제품

베이컨

서양식 베이컨과 일본식 베이컨에는 차이가 있다. 구분하기 쉽게 설명하자면 서양식 베이컨은 바싹 구우면 바삭바삭해지고, 일본식 베이컨은 그렇지 않다. 일본식 베이컨은 단맛과 감칠맛이 강하고 좀 더 촉촉한 것이 특징으로 '밥반찬'으로는 나쁘지 않지만, 순수한 서양 요리에는 어울리지 않는다. 스파게티에도 마찬가지다.

서양식 베이컨인지를 확인하려면 원재료명 표시란에 돼지고기 다음으로 '소금'이 나오는지를 봐야 한다. 물엿이나 아미노산을 쓰지 않았다면 더욱 확실하다. 하지만 서양식 베이컨은 일반 슈퍼마켓에 잘 팔지 않는다. 프리미엄 슈퍼마켓(일본의 경우 세이조 이시이)이나 코스트코에 가면 쉽게 구할 수 있다.

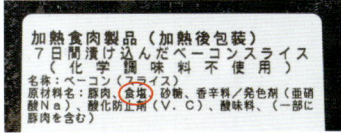

원재료명 표시란에 돼지고기 다음으로 '식염(食塩)'이 표시되어 있는지 보자(사진은 세이조 이시이의 제품).

햄·소시지

햄이나 생햄, 소시지 등도 기본적으로 베이컨과 동일한 기준으로 고른다. 원재료명 표시란에 돼지고기 다음으로 소금이 표시되어 있는지를 반드시 봐야 한다. 생햄을 포함한 햄은 슈퍼마켓에서도 서양식 햄이 프리미엄 제품으로 판매되는 경우가 많으므로 베이컨보다는 쉽게 구할 수 있다.

그런 프리미엄 제품을 평소에 자주 먹기란 쉽지 않다. 하지만 일본 전역의 햄 제조업체에서 오래전부터 생산해 온 프레스햄이나 소시지 중에는 간혹 서양식 햄이나 소시지가 남아 있다. 가격도 비교적 저렴한 편이니 쇼핑을 하다 발견하면 바로 사서 쟁여 두자. 이런 햄은 자극적이지 않고 고급스러운 맛이 나서 요리의 질을 떨어뜨리지 않는다.

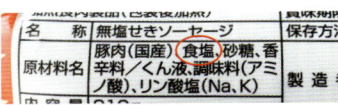

기후현 구조시의 농업협동조합에서 생산하는 '묘가타햄(明方ハム)' 시리즈에는 전통적인 프레스햄이나 소시지가 많다.

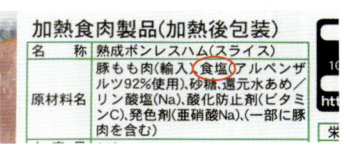

서양식 햄은 비교적 찾기 쉽다(사진은 세이조 이시이의 제품).

구우면 바삭바삭해지는 '서양식' 베이컨

◎ 스파게티 삶는 법 이론편

소금의 양

소금은 물의 양의 0.8~1%를 넣어야 하는 것으로 많이 알려져 있다. 하지만 나는 그보다 좀 더 많은 1.2%를 넣기를 권한다. 소금을 이 정도 넣은 물에 삶아야 소스 없이 면만 먹었을 때 확실히 맛이 좋다. 한 가지 재료만 넣고 만드는 심플한 스파게티에는 특히나 이 정도의 염도가 적당하다.

수제 소스에 스파게티면을 버무릴 때도 면은 이 정도 염도의 물에 삶고, 오히려 소스 자체는 그냥 먹어도 짜지 않고 딱 좋을 정도로 약간 싱겁게 간을 하는 편이 좋다. 이는 바꿔 말하면 시판용 파스타 소스를 사용할 시에는 1.2%의 염도가 너무 높다는 뜻이 된다.

또 안초비나 올리브, 케이퍼, 짠맛이 강한 치즈(페코리노나 고르곤졸라 등)를 소스에 사용하는 경우나 햄·베이컨류를 듬뿍 넣을 때도 주의가 필요하다. 이럴 때는 파스타 삶는 물에 넣을 소금의 양을 확 줄인다. 아니, 사실 넣지 않아도 상관없다.

'소금의 침투압이 면을 쫄깃하게 한다', '표면의 매끄러움을 어느 정도 줄여 준다', '면이 서로 잘 달라붙지 않게 한다' 등의 이유로 소금을 꼭 넣어야 한다는 말이 많은데, 적어도 스파게티를 삶는 정도의 염도에서는 딱히 이런 물리 현상이 일어나지 않는다고 밝혀진 듯하다. 나도 그런 차이를 실감한 적이 없다. 소금은 어디까지나 면에 밑간하기 위한 것이라 받아들이는 편이 좋을 듯하다.

한 가지 재료만으로 만드는 스파게티의 경우 물 1,000g당 소금 12g을 넣는 것이 적당하다.

삶는 시간

결론부터 말하면 '제품 봉지에 표시된 시간대로' 삶는 편이 좋다.

한 20년 전쯤에는 (특히 일본산 파스타의 경우) 파스타를 표시된 시간대로 삶으면 조금 푹 삶아지는 경향이 있었던 모양이지만, '알 덴테'라는 개념이 널리 퍼진 오늘날에는 그런 일이 사라졌다는 사실을 실감하고 있다.

물론 가끔은 삶는 시간을 조금 줄여 알 덴테보다 조금 덜 익힌 꼬들꼬들한 식감을 즐기고 싶을 때도 있으므로 취향껏 조절하면 된다. 하지만 면 자체의 맛을 즐기고자 한 가지 재료만으로 심플한 파스타를 만들 때는 역시 면을 어느 정도 푹 삶는 편이 맛있다.

사실 파스타는 삶는 시간보다도 오히려 물기를 제거한 후에 얼마나 재빠르게 조리해서 먹느냐가 더 중요하다. 그렇기에 무슨 일이든 마찬가지겠지만, 특히나 파스타를 만들 때는 요리의 숙련도가 관건이다.

하지만 집에서 파스타를 만들어 먹을 때는 식사를 시작하기 전에 적어도 요리에 사용한 냄비, 프라이팬, 볼 정도는 미리 씻어서 정리해 두고 싶어지므로 어쩔 수 없는 시간차가 발생한다. 만약 그러한 시간차를 고려해 면을 삶는 시간을 너무 줄여 버리면 '익긴 익었지만, 밀가루 맛이 남아 있는' 최악의 면이 되어 버릴 수도 있다.

그렇게 생각했을 때, 면을 삶는 시간보다 오히려 '쉽게 붇지 않는 면을 선택하는 일'이 더 중요하지 않을까 싶다. 그 점은 다음 항목인 '면 고르기'에서 확인해 보자.

면 고르기

가느다란 면은 삶는 시간이 짧고 가벼운 소스도 잘 버무려지는 장점이 있지만, 반대로 삶는 시간을 정확히 잘 지켜야 하며 쉽게 불어 버리는 단점도 있다. 그렇기에 가정에서는 기본적으로 1.8mm 정도 두께의 면이 가장 다루기 쉽다고 생각한다. 특히나 초보자는 두꺼운 면부터 먼저 사용해 보자!

전 세계에 유통되고 있는 스파게티는 맛없는 제품이 없다고 할 만큼 잘 나오고 있기에 딱히 특정 브랜드의 제품이 좋다고 할 수 없지만, 그중에서 굳이 하나를 추천하자면 '바릴라 스파게티 5호'를 꼽고 싶다. 유명 브랜드인 만큼 풍미가 환상적이며, 무엇보다 면이 쉽게 붇지 않는다! 일본산 제품보다 조금 비싼 편이지만, 인터넷으로 대량 구매하면 오히려 더 싸게 살 수도 있다.

바릴라보다 다소 조리하기 어렵지만, '데체코 스파게티니 11호'도 표면이 살짝 까끌까끌한 독특한 식감과 진한 곡물 맛이 매력적이다. 다만 면이 너무 쉽게 불어 버리므로 주의가 필요하다. 그렇기에 데체코 제품은 스파게티니나 스파게티보다는 오히려 링귀니를 선택하는 게 나을 수 있다. 면이 쉽게 붇지 않는 편이고, 붇더라도 스파게티보다 맛이 좋을 수 있다.

몇 가지 제품을 소개했지만, 일본산 스파게티도 맛에 부족함이 없으며, 저렴한 가격의 튀르키예산 스파게티도 독특한 향을 풍기는 매력이 있다. 또 일본의 '볼카노(Volcano) 스파게티'처럼 강력분을 배합해 만든 두께 2.2mm의 두꺼운 스파게티도 (비록 용도는 제한되지만) 언급하지 않을 수 없다. 면 이야기를 하자면 끝이 없으니 이 정도로만 하겠다.

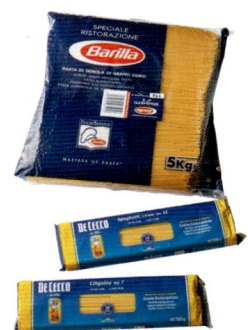

파스타의 종류는 취향껏 선택하자.

금단의 비법

화학조미료에 대한 거부감이 조금이라도 있는 사람은 무시하고 넘어가도 상관없지만, 파스타를 삶는 물에 소금 외에도 미량의 아지노모토를 넣으면 맛이 훨씬 좋아지니 한번 시도해 보기 바란다.

아지노모토는 말하자면 '극약' 같은 존재다. 과하게 넣으면 요리가 순식간에 익숙하지만 저렴한 맛을 내고 만다. 파스타를 삶는 물뿐만 아니라, 다른 요리에도 내가 권장하는 아지노모토의 적정 사용량은 '소금 양의 3%에서 최대 5%까지'다. 참고로 이는 식품 가공업계에서 말하는 적정량과 자릿수 자체가 다른 매우 적은 양이지만, 이것만으로도 충분한 효과를 얻을 수 있다.

이 비율에 맞춰 아지노모토를 넣은 물에 파스타를 삶으면 아마 대부분 아지노모토를 넣은 사실조차 눈치채지 못하겠지만, 자연스레 밀의 풍미가 살아나고 짠맛이 다소 완화되어 맛이 부드러워진다. 게다가 당연히 거슬리지 않는 수준의 감칠맛까지 더해지므로 특히 '한 가지 재료만 넣은 스파게티'처럼 심플한 요리에 사용하면 요리의 완성도가 한층 올라간다. 요리에 꼭 필요한 요소냐고 묻는다면 그렇다고 답하기는 애매하지만, 유용한 팁 정도로 알아두면 좋겠다.

아지노모토는 소금 10g(왼쪽)당 최대 0.5g(오른쪽)까지 넣는다.

실천편

재료(2인분)
스파게티 200g
물 2,000g*
소금 24g
아지노모토 1g 미만(넣고 싶다면)

* 많이 들어 봤겠지만, 스파게티를 삶을 때는 물을 넉넉히 끓이는 것이 철칙이다. 건면 100g당 물 1,000g(1L) 이상을 넣는다고 생각하자.

①

②

③

④

⑤-a

⑤-b

⑧

① 냄비에 물, 소금(+아지노모토)을 넣고 불에 올려 부글부글 끓인다.

② 스파게티가 붙지 않고 흩어지도록 면을 방사형이 되게 넣는다.

③ 10초가 지나 스파게티가 조금 부드러워지면 되도록 방사형을 유지하면서 면 전체를 끓는 물에 잠기게 한다.

④ 지금부터 1분 사이에 자칫 면이 서로 들러붙을 수 있다. 그렇기에 면을 가끔 휘저어서 들러붙지 않게(면이 다발을 이루지 않게) 한다.

⑤-a 뜨거운 물이 대류 현상을 보이면서 면이 이리저리 흔들리는 상태를 계속 유지하도록 불을 조절하면서 면을 삶는다.

⑤-b 면을 삶는 작업에 능숙해지고 나면 이 타이밍에 뚜껑을 덮고 불을 살짝 줄인 상태에서 면을 삶을 수도 있다. 이렇게 하면 수분이 너무 많이 증발해서 스파게티가 짜지는 일이 생기지 않게 할 수 있고, 광열비를 조금이나마 절약할 수 있으며, 한여름에 뜨거운 열기가 퍼지는 것을 줄일 수 있다.

⑥ 소스를 다시 데우면서 스파게티가 다 삶아지기를 기다린다. 참고로, 이때 싱크대에 쌓여 있는 설거짓거리가 있다면 전부 치운다.

⑦ 가족을 모두 불러 식탁에 앉힌다. 가족에게 수저 등을 놓게 하고, 필요한 경우 아이들에게도 손을 씻고 오게 하는 등 식사를 바로 시작할 수 있게 만반의 준비를 한다.

⑧ 스파게티 봉지에 표시된 최소한의 시간(면을 삶는 일반적인 시간이 8~9분으로 표시되어 있다면 8분)이 지나자마자 잽싸게 뜨거운 물을 버리고 소스와 섞어 요리를 빠르게 마무리한다. 스파게티를 상에 차리면 가족들에게 먼저 먹으라고 하고 주방으로 돌아와 빛의 속도로 냄비를 닦은 후 식탁에 앉는다.

채소찜
모든 채소가 맛있어지는 100:10:1의 법칙

채소, 기름, 소금을 100:10:1의 비율로 맞추고, 증발할 양만큼의 물을 부어 푹 찌면 모든 채소가 맛있어진다. 채소에 어울리는 기름을 고르고, 좋아하는 허브나 향신료를 살짝 첨가하면 무한대로 변신할 수 있다!

기본 배합은 다음과 같다.

재료(숫자는 중량 대비 비율[%])
좋아하는 채소   100
좋아하는 기름   10
소금   1
물   10~30
허브, 향신료, 마늘 등   취향껏

세상에는 '생채소가 몸에 좋다'라는 믿음이 깊이 깔려 있어 채소라고 하면 무조건 샐러드부터 떠올리는 사람이 많다. 하지만 샐러드는 보기와는 달리 실제로 섭취하는 채소의 양이 많지 않다. 샐러드로 쓸 수 있는 채소도 한정되어 있다.
하지만 채소를 '찌면' 채소의 풍미를 한층 더 끌어올릴 뿐만 아니라, 영양소가 손실되지 않은 채소를 듬뿍 먹을 수 있다.

이번에 소개할 채소는 모두 '무수 냄비*'를 사용하면 색이 변하지 않고 선명함을 유지하지만, 일반 냄비로 쪄서 채소가 흐물흐물해져도 그건 또 그 나름대로 맛있다. 사실 P.10의 '가지 간장조림' 레시피도 이 법칙에 따라 개발했다.

* 물을 사용하지 않고 재료의 수분만으로 조리할 수 있는 냄비-역주

푹 찐 브로콜리 기본형

재료(숫자는 중량 대비 비율[%])

브로콜리(한입 크기로 썬 것) 100

버터 10

소금 1

물 10~30

① 냄비에 브로콜리를 넣고 계량한다.

② 다른 재료도 전부 냄비에 넣는다. 물의 양은 뚜껑을 덮었을 때 냄비의 상태를 보고 조정한다.

포인트 무쇠 캐서롤이나 코콧트는 밀폐도가 높으므로 물을 조금 적게 넣고, 일반 냄비나 프라이팬은 조금 넉넉히 넣는다.

③ 뚜껑을 덮고 약불에서 채소가 익을 때까지 푹 찐다.

포인트 생각보다 물이 빨리 증발하므로 탈 것 같아지면 중간에 물을 더 붓는다.

④ 다 쪄진 내용물의 중량이 조리 전 채소의 중량과 비슷해지는 것이 가장 이상적이다.

페페론치노풍 푹 찐 브로콜리

버터 대신 올리브유를 넣고, 마늘과 다카노쓰메 고추를 넣어 페페론치노풍으로 만들었다. 차갑게 식혀 먹어도 맛있고, 찐 브로콜리를 그대로 파스타 소스로 활용해도 된다.

재료(숫자는 중량 대비 비율[%])

브로콜리 100
올리브유 10
소금 1
마늘 2~
다카노쓰메 고추 원하는 만큼
물 10~30

양배추 버터 찜

익숙한 양배추가 푸짐하게 먹을 수 있는 요리로 변신한다. 마지막에 레몬즙을 짜 넣으면 세련된 핫 샐러드처럼 즐길 수 있다.

재료(숫자는 중량 대비 비율[%])

양배추 100
버터 10
소금 1
흑후추 약간
물 10~30

맛있는 당근 글라세

글라세는 원래 물이나 수프에 버터·설탕·소금을 넣고 재료를 넣은 후 조려 윤기를 내는 조리법이지만, 이 레시피에서는 설탕을 넣지 않아 당근이 지닌 단맛을 느낄 수 있게 했다. 당근에서는 수분이 거의 나오지 않기 때문에 조리 시간도 더 길어진다. 그러므로 다른 채소를 찔 때보다 물을 좀 넉넉히 넣어야 한다. 신선한 당근은 껍질을 벗기지 않는 편이 더 좋다.

재료(숫자는 중량 대비 비율[%])

당근 100   큐민 씨드(있으면) 약간
버터 10   타임(있으면) 약간
소금 1   물 20~40

페페로나타

밑반찬으로 추천하는 요리다. 샐러드나 마리네이드의 토핑으로 활용할 수도 있다.

재료(숫자는 중량 대비 비율[%])
파프리카 100
올리브유 10
소금 1
마늘 2
쌀식초 10
물 0~20

적양파 버터 비네거 찜

식초와 양파의 단맛이 잘 어울려 자꾸만 생각나는 맛이다. 포크소테나 햄버그스테이크 같은 고기 요리에 소스를 겸해 곁들이기 좋다. 적양파가 아닌 일반 양파로 만들 수도 있다.

재료(숫자는 중량 대비 비율[%])
적양파 100
버터 10
소금 1
쌀식초 5
물 5~25

표고버섯 버터 간장 찜

소금 대신 표고버섯과 잘 어울리는 간장을 사용하는 레시피다. 고이구찌 간장의 염분 농도는 16% 정도, 즉 소금의 약 6분의 1이므로 간장을 사용할 때는 소금의 6배에 해당하는 양을 넣어야 간이 맞는다. 물의 양을 줄이는 대신 술을 첨가하면 풍미가 더욱 좋아진다.

재료(숫자는 중량 대비 비율[%])
표고버섯 100
버터 10
고이구찌 간장 6
마늘 2
일본주 10
물 0~20

양념, 소스, 드레싱

냉장고에 상비해 두면 평범한 재료로도 조금 특별한 요리를 만들 수 있는 양념, 소스, 드레싱을 모아 보았다. 모두 계량만 정확히 하면 간편하게 만들 수 있는 것들이다.

슈퍼마켓에 가면 진열대에 다양한 제품이 놓여 있다. 종류가 워낙 많아 무엇을 골라야 할지 모를 정도다. 나도 가끔 그런 시판 제품을 먹을 기회가 있는데, 그때마다 정말 잘 만들었다고 감탄하게 된다. 그만큼 기업 간 경쟁이 치열하고, 시장이 성숙했다는 뜻일까. 다들 다른 기업에 뒤처지지 않으려고 온갖 아이디어와 기술력을 총동원하며 매일 연구 개발에 힘쓰고 있을 것이다.

하지만 그렇게 기업에서 개발하는 제품들은 점차 종류가 다양해지는 것과는 반대로 맛에서는 일정한 경향이 나타나고 있다. 개인적으로는 단맛과 감칠맛이 점점 강해지고 있다는 생각이 든다. 그건 어떤 의미에서 시판 제품의 숙명이라고 할 수 있다. 누구나 좋아할 만한 맛을 만들려고 하다 보니 어쩔 수 없이 그렇게 되어 버리는 것이다.

내가 여기에 소개하는 레시피들은 모든 사람이 좋아할 만한 대중적인 맛을 기본으로 하면서도 빼야 할 것은 빼고, 어디까지나 소재의 맛이 잘 살도록 균형을 맞추었다. 그것이 수제 양념이나 소스, 드레싱의 매력이 아닐까. 또 직접 만들 경우, 양파처럼 향이 강한 채소의 신선한 풍미를 그대로 살릴 수 있다는 결정적인 장점이 있다. 이것은 유통을 고려해 제조상 여러 제약이 생길 수밖에 없는 시판 제품에서는 절대로 얻을 수 없는 부분이다.

생강구이 양념

생강구이 양념을 사용한
돼지고기 생강구이

돼지고기 생강구이보다는 진저 포크라고 부르고 싶어질 만큼 서양식에 가까운 양념이다. 믹서가 있으면 간단히 만들 수 있지만, 믹서가 없을 경우에는 각각의 재료를 갈아서 합치도록 하자. 사용할 때는 양념의 양을 생고기 중량의 30%로 잡는다.

재료
양파(깍둑썰기 한 것) 60g
사과(깍둑썰기 한 것)* 30g
생강(슬라이스) 30g
마늘(슬라이스) 15g
고이구찌 간장 80g
미림 80g

* 남은 사과를 썰어서 얼려 두면 나중에 다시 이 양념을 만들 때 꺼내어 쓸 수 있다.

① 모든 재료를 믹서에 넣는다.
② 부드러워질 때까지 간다.

누구나 다 아는 맛인 돼지고기 생강구이도 두 부위의 돼지고기를 섞어 만들면 그것만으로도 먹는 즐거움이 한층 커진다. 여기서는 삼겹살과 돼지 등심을 함께 사용했다.

재료(2~3인분)
삼겹살(슬라이스) 150g
돼지 등심(슬라이스) 150g
생강구이 양념 90g
채소(적상추나 채 썬 양배추) 적당량

① 프라이팬에 삼겹살을 굽는다. 고기가 익으면서 향이 나고 기름이 흘러나오면 접시에 일단 덜어 둔다.
② 같은 프라이팬에 돼지 등심을 겹치지 않게 올리고 양면을 살짝 굽는다.
③ 구운 등심을 한쪽 구석으로 몰아넣고, 빈 공간에 ❶을 다시 올린 다음, 생강구이 양념을 넣어 두 부위의 고기에 골고루 버무리면서 살짝 볶는다.
④ 채소와 함께 접시에 담는다.

◎ 먹는 시기에 따른 맛

- 만든 직후: 알싸하고 자극적인 맛
- 하루~며칠 재운 뒤: 부드러운 맛
- 일주일~한 달 재운 뒤: 진하게 숙성된 맛

일본식 스테이크 소스

몇 가지 재료만 사용했을 뿐인데, 놀라울 정도로 깊은 맛이 난다. 소고기에 특히 잘 어울리지만 '30분 치킨'이나 '학생 스테이크', 심지어 채소 요리에도 잘 어울린다! 무엇보다 '재료 본연의 맛을 잘 살린' 일본식 소스다. 가능하면 일주일 이상 재워 숙성시킨 후에 사용하기를 바란다.

재료
양파(깍둑썰기 한 것)   80g
사과(깍둑썰기 한 것)   80g
고이구찌 간장   80g
미림   80g

① 모든 재료를 믹서에 넣고 부드러워질 때까지 간 다음, 냉장고에 일주일 이상 재운다.

일본식 스테이크 소스를 사용한
일본식 스테이크

스테이크를 구운 프라이팬에 만들어 고기의 감칠맛이 그대로 녹아든 소스를 스테이크에 곁들이기만 한 단순한 구성의 요리다. 상큼한 소스가 고기에 잘 배도록 고기를 비스듬하게 썰어 담았다.

재료(2인분)
스테이크용 소고기   300g
소금   약간
흑후추   약간
일본주(또는 물)   30g
일본식 스테이크 소스   90g
좋아하는 샐러드나 익힌 채소

① 스테이크용 소고기에 소금과 흑후추를 살짝 뿌려 프라이팬에 굽는다(불소수지 가공 프라이팬을 사용할 경우, 기름을 두르지 않아도 된다).
② 고기가 다 익으면 건져 낸다. 같은 프라이팬에 그대로 일본주(또는 물)를 붓고 끓이면서 프라이팬 바닥에 달라붙은 것들을 긁어낸다.
③ ❷에 일본식 스테이크 소스를 부어 30초 정도 조린다.
④ 스테이크를 비스듬하게 썬 다음, 곁들일 채소와 함께 접시에 담고 ❸의 소스를 뿌린다.

프렌치 드레싱

프렌치 드레싱을 사용한
믹스 샐러드

반쯤 유화된 상태의 걸쭉한 드레싱이다. 재료의 맛을 해치지 않으면서도 진한 맛을 내므로 생채소뿐만 아니라 다양한 요리에 쓰인다. 샐러드유, 식초, 채소, 소금, 설탕의 기본 비율은 2:1:1:0.1:0.1로, 여기에 좋아하는 향신료나 허브 등을 첨가할 수 있다. 드레싱에 들어가는 채소는 주로 양파와 마늘이지만, 양파의 일부를 당근, 셀러리, 토마토, 생강 등으로 대체하는 경우도 있다. 생채소 샐러드나 코울슬로 외에도 '미니멀 포테이토 샐러드'에 넣어 특별한 맛을 더하거나 '30분 치킨'의 소스로 이용해도 좋다.

재료
샐러드유 160g
쌀식초 80g
양파(슬라이스) 72g
마늘(슬라이스) 8g
소금 8g
설탕 8g
겨자분 4g
흑후추 2g

① 모든 재료를 믹서에 넣고 부드러워질 때까지 간다.

주방에서 어중간하게 남은 재료나 맛있어 보이는 재료, 바삭바삭한 재료 등을 모조리 넣고 섞으면 한 끼 식사 대용으로 좋은 푸짐한 샐러드가 완성된다! 이런 게 진짜 내 마음대로 만드는 샐러드이지 않을까. 프렌치 드레싱은 어떤 재료와도 잘 어울린다.

재료의 일례
생채소(상추, 토마토, 오이 같은 대표적인 샐러드용 채소. 그 외에 피망, 소송채, 무청, 무, 양파, 셀러리, 생강 등*)
토핑(햄, 소시지, 구운 베이컨, 달걀프라이, 30분 치킨, 촉촉한 닭가슴살, 각종 채소찜, 올리브, 안초비, 치즈, 슈레드 치즈, 구운 단호박, 바싹 구운 바게트나 식빵 또는 식빵 껍질, 감자칩, 그 밖의 스낵, 과일 그래놀라, 견과류 등)

* 평소에 익혀 먹는 채소나 향이 강한 채소를 소량 첨가하면 좀 더 색다른 맛을 즐길 수 있다.

① 생채소를 먹기 좋은 크기로 썰어 샐러드 볼에 담는다.
② 먹다 남은 30분 치킨이나 삶은 닭가슴살을 먹기 좋은 크기로 자르고, 치즈 등을 뿌린 다음, 볶은 베이컨과 바싹 구운 바게트 등을 곁들인다.
③ 프렌치 드레싱을 뿌린다.

폴리네시안 소스

폴리네시안 소스는 일설에 따르면 하와이의 아시안계 이민자가 개발한 소스로, 이것이 미국 레스토랑을 거쳐 일본까지 들어왔다고 한다. 개인적으로 느끼기에 현재 일본에서 판매되고 있는 '야키니쿠노 타레(焼肉のタレ)'는 한국의 불고기 양념이 아니라 이 폴리네시안 소스에서 변형된 것이 아닐까 싶다. 이번에 소개하는 폴리네시안 소스는 시판 제품인 불고기 양념보다 맛이 깔끔해 어디에나 잘 어울린다. 집에서 고기를 구워 먹을 때 이 폴리네시안 소스와 수제 폰즈 두 가지에 고기를 찍어 먹으면 더 맛있을 것이다.

재료
A 고이구찌 간장 100g
　청주 100g
　미림 50g
　케첩 10g
　설탕 25g
　파(파란 부분) 15g
　마늘(슬라이스) 15g
　생강(슬라이스) 10g
볶은 흰깨 5g

① A의 재료를 냄비에 넣고 중량이 280g 정도가 될 때까지 살짝 끓인다.
② 상온에서 식힌다. 체에 한 번 거른 다음, 흰깨를 뿌린다.

폴리네시안 소스를 사용한
서양식 불고기

양파와 피망을 함께 넣고 볶은 양식 스타일의 요리다. 여기서는 소고기를 사용했지만, 돼지고기 채소볶음이나 야키소바 등의 양념으로도 잘 어울린다.

재료(2~3인분)
샐러드유 15g
소고기 자투리(돼지고기도 마찬가지) 300g
만가닥버섯 60g
양파(슬라이스) 120g
피망(슬라이스) 60g
폴리네시안 소스 90g

① 샐러드유를 두른 프라이팬에 소고기(또는 돼지고기)와 만가닥버섯을 넣고 살짝 볶는다.
② 고기가 거의 다 익으면 양파와 피망을 넣고 좀 더 볶는다.
③ 채소가 어느 정도 익으면 폴리네시안 소스를 부어 골고루 섞으면서 가볍게 볶는다.

다이쇼 시대*풍 우스터소스

다이쇼 시대풍 우스터소스를 사용한
우치다 햣켄식 양파볶음

제1차 세계대전 이전에는 영국에서도 간장을 베이스로 우스터소스를 만들었다고 한다. 또 일본에서는 초간장에 당시 구할 수 있던 향신료를 넣어 우스터소스를 모방했다. 그 당시의 우스터소스를 현대의 재료를 사용해 좀 더 향이 풍부하면서도 깔끔한 맛을 내게 만들어 보았다. 튀김이나 미니멀 사오마이를 찍어 먹거나, 피망이나 양파만 넣어 만든 스파게티에 살짝 뿌리거나, 볶음 요리나 야키소바에 넣는 등 다양하게 활용해 보기 바란다.

* 1912~1926년-역주

양식을 좋아했다고 알려진 작가 우치다 햣켄을 위해 하숙집 아주머니가 매일 양파 소스 볶음을 상에 올렸지만, 우치다 햣켄은 솔직히 그 반찬이 지겨웠다는 이야기를 들은 기억이 있다. 그 양파볶음에 들어간 소스는 초간장에 시치미토가라시를 넣어 끓인 것이었다. 만약 그 당시에 이 레시피로 양파볶음을 만들었다면 우치다 햣켄도 무척 마음에 들어 하지 않았을까?

재료

고이구찌 간장 200g
설탕 50g
쌀식초 250g
시나몬 스틱 5g
정향(클로브) 15알
흑후추 30알(2g)
월계수잎 5장

메이스(mace) 1g(또는 넛맥 가루 1꼬집)
타카노쓰메 고추 2개
양파(슬라이스) 50g
셀러리(슬라이스) 20g
마늘(슬라이스) 10g
물(필요하면) 적당량

① 모든 재료를 냄비에 넣고 불에 올린 다음, 한번 끓어오르면 다시 1시간 동안 보글보글 끓이며 내용물의 중량이 400g이 될 때까지 졸인다(1시간이 지나기 전에 중량이 400g 이하가 될 정도로 졸아들면 물을 좀 더 부어 끓인 지 1시간이 지난 후의 무게가 400g이 되게 맞춘다).
② 하루 동안 상온에 두었다가 체에 한 번 거른 다음, 냉장고에 보관한다(오래 재울수록 맛이 부드러워진다).

재료(1~2인분)

버터 15g
소고기 자투리 100g
양파(결을 따라 두툼하게 자른 것) 240g
다이쇼 시대풍 우스터소스 30g

① 버터를 녹인 프라이팬에 소고기를 살짝 볶다가 고기 색이 변하면 곧바로 뒤집는다.
② 여기에 양파를 넣고 가볍게 볶아 섞는다.
③ 다이쇼 시대풍 우스터소스를 부어 골고루 버무린다. 양파의 아삭한 식감이 남아 있도록 너무 푹 익히지 않는 것이 포인트다.

수제 폰즈 4종

카보스*나 영귤, 유자 혹은 그 과즙을 한꺼번에 많이 사거나 선물받을 일이 생기면 집에서 맛있는 폰즈를 직접 만들어 보자. 상큼하고 질리지 않는 맛을 느낄 수 있을 것이다. 여기에 소개하는 4가지 폰즈 모두 오래 숙성시킬수록 맛이 점점 부드러워지는데, 섞어서 사용하면 또 다른 색다른 맛을 낼 수 있다.

* 오이타현에서 재배되는 귤의 일종-역주

<모든 폰즈를 만드는 법>
재료를 섞어 하루 동안 재우면 쓸 수 있다.
일주일 정도 두면 맛이 한층 부드러워지는데, 그대로 냉장고에 두면 1년 이상 보관할 수 있다.

기본 폰즈

과즙이 많지 않더라도 많은 양을 만들 수 있어 경제적이다. 나베 요리를 해 먹을 때는 나베용 육수를 조금 섞어 희석해 사용하는 것이 좋다.

재료	비율	만들기 쉬운 분량
귤 과즙	1	50g
쌀식초	1	50g
고이구찌 간장	2	100g
미림	0.4	20g

순 폰즈

귤 과즙과 간장을 1:1 비율로 섞은 고급 폰즈다. 쫄깃한 흰살 생선회나 안키모(아귀간 요리), 생선 이리(정소) 등을 찍어 먹으면 환상적이다!

재료	비율	만들기 쉬운 분량
귤 과즙	1	100g
고이구찌 간장	1	100g

다시마 폰즈 <추천!>

기본 폰즈에 다시마를 담가 둔다. 다시마는 그대로 계속 넣어 두어도 괜찮다. 시간이 지날수록 감칠맛이 폰즈에 밴다. 마지막에 남는 다시마를 작게 잘라 '스콘부**'로 즐겨 보는 건 어떨까.

** 식초를 베이스로 한 조미료로 간을 한 다시마-역주

재료	만들기 쉬운 분량
기본 폰즈	위에 표시된 양
다시마	10cm 길이의 양

다시 폰즈

다시마 폰즈에서 더 나아가 이번에는 폰즈에 다시팩을 넣는다. 그러면 시중에 판매되는 고급 폰즈 같은 진한 맛이 난다. 여기에 설탕까지 조금 첨가하면 시판 제품과 맛이 더욱 비슷해지지만, 그렇게 먹을 거라면 그냥 사 먹는 편이 낫다는 뜻이기도 하다.

재료	만들기 쉬운 분량
다시마 폰즈	왼쪽에 표시된 양
다시팩	1개

미니멀 경양식 요리

길거리에 그렇게나 많았던 '경양식집'이 지금은 점차 줄어들고 있다. 과거에는 특별한 날에 먹는 음식이었던 햄버그스테이크나 비프스튜가 이제는 언제든지 먹을 수 있는 요리가 되었다. 오므라이스나 크로켓 같은 간단한 양식 요리도 패밀리 레스토랑이나 냉동식품 등을 이용해 언제든지 저렴하게 먹을 수 있게 되었다. 그러니 오랜 전통을 자랑하던 경양식집도 뒤를 이을 사람이 없어 계속 감소하고 있는 것이다.

쇼와 시대(1926~1989년) 때 각 가정에서 흔히 만들어 먹은 양식 요리도 이제는 이탈리아 요리에 완전히 자리를 내주고 말았다.
하지만 예전에 먹었던 그 양식은 지금 먹어도 여전히 맛있다. 특히 오래된 경양식집에서 파는 요리는 (예전 요리들이 흔히 그랬듯이) 요즘의 양식보다 수수하지만 질리지 않는 맛을 낸다. 시간이 흘러도 여전히 세련된 요리이기도 하다.
카레라이스만 하더라도 고형 루를 사용해 만드는 요즘의 진화한 카레라이스나 카레 전문점에서 파는 카레, 향신료를 이용한 인도 정통 카레 등과는 또 다른 경양식집 카레라이스만의 정겨운 맛이 있다.

그런 고전 양식 요리는 오히려 요즘 같은 시대일수록 가정에서 만들어야만 하는 '보물 창고'인 셈이다. 그래서 이 책에 그 일부를 소개해 보려 한다.

호텔 레스토랑의 클래식 미트소스

과거 호텔 레스토랑에서 만들었던 것 같은 미트소스를 재현한 레시피다. 패밀리 레스토랑이나 카페에서 파는 미트소스도, 이탈리아 레스토랑에 나오는 볼로네즈 소스도 아닌, 먼 옛날 프랑스 요리사들이 만들었던 그 예스러운 맛을 전기밥솥 하나로 재현할 수 있다. 냄비를 몇 시간씩 지켜볼 필요 없이 그저 전기밥솥을 하룻밤 켜 두기만 하면 완성된다. 이 소스를 P.128의 '앙카케 스파게티 소스'로 발전시키거나 그라탱이나 도리아를 만들 때 사용할 수도 있다.

재료

간 소고기(또는 간 소고기와 간 돼지고기를 섞은 것)
　150g
양파　160g
감자　160g
당근　60g
셀러리　15g
마늘　5g

토마토 통조림　300g
소금　8g
흑후추　2g
넛맥　약간(0.5g)
물　100g
월계수잎　2장

① 양파, 감자, 당근은 껍질을 벗겨 5mm 두께로 얇게 썬다. 셀러리와 마늘도 5mm 두께로 얇게 썬다.
② 전기밥솥에 월계수잎을 제외한 나머지 재료를 전부 넣고 섞는다. 그 위에 월계수잎을 올리고 취사 버튼을 누른 다음, 취사가 끝나면 보온 상태로 하룻밤 둔다.
③ 월계수잎을 건져 낸 다음, 포테이토 매셔나 주걱으로 채소를 으깨어 페이스트 상태로 만든다.

※ 채소에 감자는 꼭 들어가야 한다. 고기보다 채소의 양이 많은 상황에서 감자가 단맛을 내는 역할을 한다.

전기밥솥은 백미로 밥을 지을 때 쓰는 일반 취사를 선택하면 된다. 다 되면 일단 나무 주걱으로 휘휘 젓고, 더 부드러운 식감을 원할 때는 실리콘 주걱을 이용해 더 곱게 으깬다.

응용 ① 앙카케 스파게티 소스

'호텔 레스토랑의 클래식 미트소스'를 이용해 '직원용 식사'를 만들다가 우연히 탄생한 것이 나고야의 명물인 앙카케 스파게티다. 요즘은 앙카케 스파게티를 간편한 서민 음식으로 보는 사람이 많지만, 직접 만들어 보면 실은 그런 유서 깊은 역사를 지닌 요리라는 사실을 알게 될 것이다.

재료(1.5~2인분)
호텔 레스토랑의 클래식 미트소스(P.126)   100g
소금   4g
흑후추   2g
아지노모토   약간(0.2g)
전분 가루   18g
물   200g

① 물을 제외한 다른 재료를 전부 섞는다.
② 물을 붓고 약불에 올려 소스가 걸쭉해질 때까지 가열한다.

※ 이 소스에는 조금 덜 익은 상태에서 건져 라드로 볶은 스파게티면이 잘 어울린다. 이번에는 스파게티 위에 '포크 피카타'와 파슬리를 토핑으로 올렸다.
포크 피카타는 돼지 등심에 소금과 후추를 살짝 뿌린 뒤 밀가루를 묻힌 다음, 간 치즈를 섞은 달걀물을 입히고 프라이팬에 버터를 녹여 구워 내는 음식이다.
참고로 포크 피카타는 예나 지금이나 앙카케 스파게티에 올리는 대표적인 토핑 중 하나이다. 하지만 오늘날에는 많은 가게에서 포크 피카타를 마치 돼지고기 자투리를 섞어 평평하게 부친 달걀부침처럼 간소화시켜 버려서, 사진에 나온 것 같은 정통 피카타를 맛볼 수 있는 곳이 거의 사라진 상태다.

전분 가루를 넣어 걸쭉하게 농도를 맞추는 것이 핵심이다. 거품기를 사용하면 좀 더 쉽게 섞인다.

옛날 카레 기본형

제1차 세계대전 전의 일본 가정이나 대중적인 식당에서 만들었을 지극히 소박한 카레를 재현해 보았다. 오늘날의 카레와 비교했을 때 감칠맛이나 진한 맛이 부족한 편이지만, 그래서 오히려 먹다 보면 맛이 서서히 느껴지는 면이 있다. 단순한 만큼 향신료의 향이 도드라지는 맛은, 네팔의 달 바트나 인도의 밀스처럼 한 쟁반에 담겨 나오는 정통 카레 정식에 슬쩍 들어가 있어도 위화감이 들지 않을 법한 신기한 맛이다. 카레를 좋아하는 사람이라면 꼭 한 번은 먹어 봤으면 하는 카레의 원점 같은 요리다.

재료(3~4인분)

샐러드유(있다면 라드나 우지를 사용) 30g
돼지고기 자투리 100g
A 양파(2cm 크기로 깍둑썰기 한 것) 240g
　　당근(5mm 두께의 부채꼴로 썬 것) 100g
　　감자(껍질을 벗겨 3cm 크기로 깍둑썰기 한 것) 160g
카레 가루 8g
물 300g
소금 8g
설탕 5g
물에 푼 밀가루
　　밀가루 20g
　　물 40g

① 냄비에 샐러드유를 둘러 달군 후, 돼지고기 자투리를 살짝 볶는다. 여기에 A의 채소를 넣고 좀 더 볶는다.
② 카레 가루를 첨가해 향이 올라올 때까지 살짝 볶는다.
③ 물, 소금, 설탕을 넣는다. 물이 끓기 시작하면 뚜껑을 덮고 20분 정도 끓인다.
④ 채소가 푹 익으면 되도록 내용물의 무게를 잰다(800g에 조금 못 미치는 무게가 가장 이상적이다. 그보다 너무 덜 나가면 물을 더 붓고, 그보다 너무 많이 나가면 좀 더 끓인다).
⑤ 물에 푼 밀가루를 조금씩 부어 걸쭉하게 농도를 맞춘다.
⑥ 간을 본 다음, 싱거우면 소금(최대 2g 분량 외)을 더 넣는다. 또 아지노모토를 1꼬집(0.3g 정도, 분량 외) 넣으면 맛이 더 잘 어우러진다.

카레 가루는 너무 오래 볶지 않게 주의한다. 밀가루는 뭉치지 않게 물에 푼 다음, 조금씩 붓는다.

응용 ① 옛날 카레 부르주아지

옛날 카레 시대에 상류 계급 사람들이 먹었거나 조금 비싼 양식당에 나왔을 법한 이미지의 카레다. 옛날 카레가 지닌 고유의 장점을 최대한 남기면서도 더 많은 사람이 좋아할 만한 맛으로 만들었다. 옛날 카레와 현대식 카레의 중간 지점에 해당할 만한 맛으로, 레스토랑에 나오는 카레 같은 느낌도 살짝 있다.

재료(3~4인분)
버터 30g
A 소고기(자투리나 깍둑썰기 한 것) 200g
　간 마늘 8g
　간 생강 5g
　양파(2cm 크기로 깍둑썰기 한 것) 240g
　당근(5mm 두께의 부채꼴로 썬 것) 80g
　감자(껍질을 벗겨 3cm 크기로 깍둑썰기 한 것) 80g
카레 가루 12g
B 물 300g
　소금 5g
　과립 콩소메 5g
　설탕 5g
　월계수잎 2장
냉동 완두콩 30g
토마토케첩 30g
물에 푼 밀가루
　밀가루 20g
　물 40g
버터 15g

① 냄비에 버터 30g을 넣어 불에 올린 다음, A의 재료를 넣어 살짝 볶는다.
② 카레 가루를 첨가해 향이 올라올 때까지 가볍게 볶는다.
③ B를 넣은 다음, 물이 끓으면 뚜껑을 덮은 채로 20분 정도 끓인다.
④ 채소가 푹 익으면 내용물의 무게를 잰다(800g에 조금 못 미치는 무게가 가장 이상적이다. 그보다 너무 적게 나가면 물을 더 붓고, 그보다 너무 많이 나가면 더 끓인다).
⑤ 냉동 완두콩과 토마토케첩을 넣고, 물에 푼 밀가루를 뭉치지 않게 조금씩 부어 가며 걸쭉하게 농도를 맞춘다. 버터 15g을 첨가한다.
⑥ 간을 본 다음, 싱거우면 소금(최대 2g 분량 외)을 더 넣는다. 또 아지노모토를 1꼬집(0.3g 정도, 분량 외) 넣으면 맛이 더 잘 어우러진다.

버터로 볶은 소고기에 완두콩과 토마토케첩을 넣어 양식의 느낌이 더 나게 했다.

응용 ② 비튼 부인식 카레

이사벨라 비튼이 1861년에 출간한 《비튼 부인의 가정 관리서(Mrs. Beeton's Book of Household Management)》는 원조 요리책 가운데 하나로, 거기에는 몇 가지 카레 레시피도 실려 있다. 일요일에 고기를 덩어리째 구워 이를 한 주 동안 다양한 요리에 활용했던 당시 영국 중류층의 식습관에서, 카레는 매우 중요한 역할을 담당했다. 일본에 전해진 유럽식 카레의 주요 근간 중 하나라 할 수 있는 그 레시피를 미니멀함은 그대로 남겨 둔 채 더 만들기 쉽게 바꾸어 보았다.

재료(2인분)
버터 30g
양파(결과 수직 방향으로 슬라이스) 120g
A 밀가루 10g
  카레 가루 4g
  소금 2g
닭고기 수프(P.76) 250g
30분 치킨(P.84) 또는 촉촉한 닭가슴살(P.76) 100~200g
레몬즙(또는 식초) 약간

① 냄비에 버터를 넣고 달군 뒤, 양파를 넣고 볶는다.
② 양파의 숨이 죽으면 A를 체에 쳐서 넣고 좀 더 볶는다.
③ 닭고기 수프를 붓고, 국물이 걸쭉해질 때까지 살짝 끓인다.
④ 30분 치킨(또는 촉촉한 닭가슴살)을 넣고 고기가 데워질 때까지 살짝 끓인다. 마지막에 레몬즙을 첨가한다.

양파는 타지 않도록 뭉근히 볶는다. 닭고기 수프가 없으면 물 250g+치킨 파우더 3g으로 대체할 수 있다. 닭고기는 원하는 만큼 넣는다.

번외

엄청난 맛을 자랑하는
정통 유럽식 카레

가끔은 시간을 내어 마치 호텔 레스토랑에 나올 법한 정통 유럽식 카레를 제대로 만들어 보자! 물론 말은 이렇게 하지만, 여러 작업을 동시에 진행하면 시간도 생각보다 오래 걸리지 않고 딱히 어려운 공정도 없다. 만들고 나면 성취감이 어마어마할 것이다.

재료(3~4인분)
[고기 조림]
소고기(힘줄, 사태살처럼 콜라겐이 풍부한 부위) 300g
물 300g
월계수잎 2장

[채소 페이스트]
버터 15g
A 양파(슬라이스) 240g
    당근(슬라이스) 30g
    셀러리(슬라이스) 30g
    사과(슬라이스) 30g
    마늘(슬라이스) 8g
물 100g

[카레 루]
샐러드유 10g
버터 10g
밀가루 20g
카레 가루 12g
'고기 조림'의 국물 전량

[마무리]
소금 8g
설탕 5g
토마토케첩 30g
우스터소스 15g
가람 마살라 4g

포인트 │ 일반 냄비를 사용할 경우, 끓이는 시간이 90분 정도로 늘어난다.

[고기 조림] ① 모든 재료를 압력솥에 넣고 20분 정도 끓인다.

[채소 페이스트] ② 냄비에 버터를 녹인 다음, A의 채소류를 볶는다. 물을 붓고 뚜껑을 덮은 채로 20분 정도 찌듯이 끓인다.

포인트 │ 채소가 푹 익을 때까지 끓인다.

③ 한 김 식힌 후, 믹서에 갈아 페이스트 상태를 만든다.

포인트 │ 믹서 대신 핸드 블렌더나 푸드 프로세서를 사용해도 된다.

[카레 루] ④ 프라이팬에 샐러드유와 버터를 올려 불에 올린 다음, 밀가루를 넣고 볶는다.

포인트 일명 '브라운 루' 상태를 만든다.

⑤ 전체적으로 부드러워지면 색이 변할 때까지 좀 더 볶는다.

포인트 향이 나도록 잔열에 익힌다.

⑥ 카레 가루를 넣고 바로 불을 끈 다음, 주걱으로 섞는다.

포인트 루가 뭉치지 않도록 국물을 조금씩 붓는다.

⑦ 다시 약불에 올리고 '고기 조림' 국물을 넣어 녹인다.

포인트 만들어서 하루 동안 숙성시키면 훨씬 맛있어진다.

[마무리] ⑧ 고기 조림, 채소 페이스트, 카레 루를 섞은 다음, 마무리 재료까지 전부 넣는다. 살짝 끓여 재료가 골고루 섞이게 한다.

미니멀 식탁

발행일 2023년 9월 11일 초판 1쇄 발행
지은이 이나다 슌스케
옮긴이 황세정
발행인 강학경
발행처 시그마북스
마케팅 정제용
에디터 양수진, 최윤정, 최연정
디자인 김문배, 강경희

등록번호 제10-965호
주소 서울특별시 영등포구 양평로 22길 21 선유도코오롱디지털타워 A402호
전자우편 sigmabooks@spress.co.kr
홈페이지 http://www.sigmabooks.co.kr
전화 (02) 2062-5288~9
팩시밀리 (02) 323-4197
ISBN 979-11-6862-170-1 (13590)

撮影　天方晴子
アートディレクション&デザイン　藤田裕美 (FUJITA LLC.)
DTPオペレーション　勝矢国弘
編集　井上美希、丸田祐

MINIMARU RYOURI: SAITEIGEN NO ZAIRYOU DE OISHISA WO TE NI IRERU GENDAI NO RECIPE 85
ⓒ SHUNSUKE INADA 2023
Originally published in Japan in 2023 by SHIBATA PUBLISHING CO., LTD. Tokyo.
Korean Characters translation rights arranged with SHIBATA PUBLISHING CO., LTD., Tokyo.,
through TOHAN CORPORATION, Tokyo and EntersKorea Co., Ltd., Seoul.

이 책의 한국어판 저작권은 (주)엔터스코리아를 통해 저작권자와 독점 계약한 **시그마북스**에 있습니다.
저작권법에 의하여 한국 내에서 보호를 받는 저작물이므로 무단전재와 무단복제를 금합니다.

파본은 구매하신 서점에서 교환해드립니다.

* **시그마북스**는 (주)**시그마프레스**의 단행본 브랜드입니다.